服务区域经济视域下
地方高校转型研究

蒙菊花　著

西北工业大学出版社

西　安

【内容简介】 本书包括第一章绪论、第二章地方本科高校转型定位、第三章个案研究——广西 A 大学转型实践、第四章国外应用型高等教育发展的案例分析、第五章我国地方本科高校转型的未来前瞻和附录共六部分内容。本研究以地方本科高校“如何实现转型”为核心，明晰地方本科高校与区域经济的互动关系，探讨地方本科高校转型的规律，由此出发，探索出地方本科高校转型的战略路径。

本书既可作为高等院校转型改革者的培训指导书，也可作为高校管理者的参考书。

图书在版编目（CIP）数据

服务区域经济视域下地方高校转型研究 / 蒙菊花著 .— 西安 ：西北工业大学出版社，2018.5（2025.1 重印）

ISBN 978-7-5612-5990-0

Ⅰ. ①服… Ⅱ. ①蒙… Ⅲ. ①地方高校－教育改革－研究－中国 Ⅳ. ①G649.21

中国版本图书馆 CIP 数据核字(2018)第 100513 号

FUWU QUYU JINGJI SHIYUXIA DIFANG GAOXIAO ZHUANXING YANJIU

服 务 区 域 经 济 视 域 下 地 方 高 校 转 型 研 究

策划编辑： 雷　鹏

责任编辑： 高　原

出版发行： 西北工业大学出版社

通信地址： 西安市友谊西路 127 号　　　邮编：710072

电　　话：（029）88493844　88491757

网　　址： www.nwpup.com

印 刷 者： 三河市天功达印刷有限公司

开　　本： 710 mm×1 000 mm　　　1/16

印　　张： 9

字　　数： 120 千字

版　　次： 2018 年 5 月第 1 版　　　2025 年 1 月第 2 次印刷

定　　价： 32.00 元

前　言

教育是促进民族发展的动力之源，大学产生、发展的唯一理由及唯一条件就是社会需要。当前，我国已经进入经济发展新常态，经济转型升级已成为我国经济发展最强劲的动力之一。新的经济发展理念和发展方式将会对高等教育提出新的要求。大学转型面临着时代抉择，这不仅是顺应我国经济发展的需要，同时也是我国高等教育内涵式发展的必经之路。《国家中长期教育改革和发展规划纲要(2010－2020》指出，“高等教育要适应国家和区域经济社会发展需要，建立动态调整机制，不断优化高等教育结构，优化学科专业、类型、层次结构，促进多学科交叉和融合，重点扩大应用型、复合型、技能型人才培养规模”。2015 年，教育部、国家发展改革委员会、财政部联合印发《关于引导部分地方普通本科高校向应用型转变的指导意见》，地方本科高校也纷纷响应。在国家政策的引导下，地方本科高校转型已经成为必然趋势和发展目标。

大学转型已经成为近年来高等教育研究领域的热点问题，但已有的研究更多的立足于高校自身的发展，很少结合外部环境如区域经济的发展来协调研究，忽视了大学在引领区域经济发展中的价值和作用。本研究以地方本科高校“如何实现转型”为核心，明晰地方本科高校与区域经济的互动关系，探讨地方本科高校转型的规律，由此出发，探索出地方本科高校转型的战略路径。本研究有以下创新：

第一，从理论上建构了地方本科高校转型的理论分析框架，具有一定的理论原创性，丰富了地方高校转型过程中服务区域的内涵。地方本科高校转型至今时间不长，研究成果相对较少，与此同时，以人力资本理论、转型发展理论、互进发展论作为研究的理论依据，有利于我们了解地方本科高校转型的本质属性和经济价值、人文价值，对推动地方本科高校转型具有重要的意义。

第二，提出了一些地方本科高校转型的新观点。地方本科高校学科专业发展具有极大的灵活性和弹性，应摆脱外延式扩张的传统学科专业发展模式，将“地域性”“特色化”与“服务区域”作为主要衡量指标，走一条以特色优势学科带动学科集群发展的新路子，构建“学科—专业—产业”互动发展的链条。

第三，研究方法的创新。本研究过程广泛采用管理学、区域经济学、产业经济学等领域的理论和方法，对涉及经济、政策法规、资源利用、高等教育发展等方面的问题展开综合性研究，而不是单纯地分析高等学校自身。通过实证方法研究学科结构与产业结构的相关性，通过实地调研，深度把握当前高校转型的相关状况。

本书在写作过程中参考了众多专家学者的研究成果，在此表示诚挚的感谢！由于时间和精力的限制，本书在写作过程中可能会出现差错，恳请广大读者积极予以指正，以便使本书不断完善！

蒙菊花

2018 年 1 月

目　录

第一章 绪 论

教育是促进民族发展的动力之源，而大学产生和发展的根源则是社会的现实和长远需要。[1]美国教育家伯顿·克拉克(Burton R. Clark)(2003) 提出，“大学的转型已经提到了现代大学的议事日程的顶端。”[2]大学是人才培养的重要载体，也是推动社会经济发展的动力源。我国高等教育规模自 1949 年之后呈现出“井喷式”飞速的发展，2015 年高等教育的毛入学率更是达到 40%，与 1949 年相比，增长超过 150 倍。截至 2015 年，我国高等教育在校生规模达 3 700 万人，位居世界第一，全世界平均每 5 个在校大学生中至少有 1 个是在中国高校学习的。而高等教育规模的增长和扩大，与地方高校密切相关。截至 2015 年 5 月，我国共有地方本科高校 792 所(其中新建地方本科高校 403 所)，在校生数 1 078.95 万人，高校数和在校生数分别占全国本科高校的 65.89%和 70.01%，地方本科高校已经成为高等教育的中坚力量。[3]近年来，我国经济产业转型升级不断加快，地方本科高校如何在服务产业转型升级中实现转型发展，已成为推动高等教育改革发展的重要问

---

1 冯增俊．教育创新与民族创新精神[M]．厦门：福建教育出版社，2002．

2 伯顿·克拉克．建立创业型大学—组织上转型的途径[M]．王承绪，译．北京：人民教育出版社，2007．

3 教育部高等教育教学评估中心．系列高等教育质量报告首次发布——事实和数据说话，展现中国高等教育质量的自信与自省[EB/OL]．教育部网站，2016-04-08 ．http：// www.moe.gov.cn/jyb_xwfb/xw_fbh/moe_2069/xwfbh_2016n/xwf_160407/160407_sfcl/ 201604/ t20160406_236891.html.

题之一。因此，有必要阐明对地方本科高校转型研究的缘起、意义、现状、思路和方法等，以便为下一步研究奠定基础。

第一节　问题的提出与研究意义

一、问题的提出

（一）我国高等教育大众化的推进与地方本科高校的蓬勃发展

20 世纪 90 年代初以来，我国高等教育供求矛盾日益突出，体现在高等教育的规模无法满足人们日益增长的高等教育需求，社会就业压力也不断加大。1999 年第三次全国教育工作会议做出了进一步扩大高等教育规模的决议，使我国高等教育的毛入学率到 2010 年达到 15%。据统计，1998 年我国适龄人口平均入学率只有 9%左右，与美国二战结束时的水平相当。经过多年的扩招，2002 年我国高等教育提前达到高等教育大众化的标准，到 2005 年，我国高等教育毛入学率达到 21%，全国各类高等教育总规模超过 2 300 万人，高等教育规模超过了美国，跃居世界第一，中国高等教育在一定意义上已进入大众化时代。[4]在这一扩招过程中，国家制定了一系列方针政策，采取合并、共建等措施，如师范专科学校、教育学院，在被教育部评审合格后，升格为本科，这些升格本科院校是我国高等教育大

[4] 马骥. 美国高等教育大众化经验对我国高等教育发展的启示[D]. 青岛：青岛大学，2007.

众化进程中的产物，成为我国本科教育的重要力量。这些院校也成为当下国家政策导向下的转型院校的主力军。因此，研究这些院校的转型问题意义重大。

（二）地方本科高校普遍面临发展困局

当前，涉及转型的地方本科高校有 600 余所是 1999 年以来升格的地方本科高校，占全国普通本科高校的 50%左右。这些高校对地方经济社会发展做出了巨大的贡献，具有不可替代的作用和价值，但是却处于“上不顶天、下不落地”的尴尬境地，教育部应用技术大学(学院) 联盟课题组《地方本科院校转型发展实践与政策研究报告》指出，地方本科高校办学定位趋同现象严重，学科专业与地方经济产业结构脱节，人才培养“重理论、轻实践”；科研“重科学、轻技术”，服务地方发展的能力不高；师资队伍“重学历、轻能力”，专业实践能力低；办学经费短缺，实践教学硬件条件太差；产学研合作难有作为，企业参与缺乏必要保障；新建本科院校和独立学院的问题更为突出。[5]如何破解地方本科高校的发展困局，引导地方本科高校进行转型改革，是我国高等教育领域亟待解决的现实和长远问题。

（三）我国高等教育结构性矛盾需要得到有效的解决

高等教育大众化的发展使我国高校数量于 2014 年就有 2 500 多所，在校生数量约 2 500 万人，规模居世界第一。但是，随着世界经济格局的变化和我国经济发展战略的调整，高等教育发展存在的体制性障碍和结构性矛

---

[5] 李燕，张国儒．部分地方本科高校转型发展的政策解读及对策建议——以保山学院为例[J]．保山：保山学院学报，2015(3)．

盾日益突出。最突出的矛盾体现在学术研究型高校比例过大，高校重理论和文凭、轻实践和技能的现象严重影响了高校人才培养的质量，导致地方本科高校服务地方社会发展的能力不足，应用技能型高中层次人才严重缺乏，而解决这一矛盾就必须调整当前失衡的高等教育结构，提升应用型高校结构比例，引导和推动 600 多所地方本科高校转型为应用型高校，重点培养应用技术型人才，如工程师、设计师、商务谈判者等应用型人才。这部分高校转型后，我国人才培养结构将发生重大变化，培养应用型人才高校比例将从现有的 55%提高到 70%～80%，从而接近或达到欧洲几个创新能力强国高等教育的结构比例。[6]

(四) 地方本科高校大学毕业生就业形势严峻

以 1999 年后新建的地方本科高校为例，就业率总体低于全国高校平均水平，毕业半年后就业满意度不到 50%，毕业半年后月收入也低于全国本科平均水平，工作与专业相关度仅为 64%，超过 1/3 的毕业生在半年内离职。[7] 由于新建本科高校惯有的办学思维就是模仿学术研究型大学，导致学科专业设置、人才培养模式与地方经济社会的融合度较低，其结果就是大量本科生无法就业、地方企业也无法在这些高校中招聘到应用技术型高层次人才。因此，要解决地方本科高校大学生就业难的现实问题，推动其转型发展是内在的必然。

---

[6] 李燕，张国儒．部分地方本科高校转型发展的政策解读及对策建议——以保山学院为例[J]．保山：保山学院学报，2015(3)．

[7] 数据来自教育部应用技术大学(学院) 联盟课题组《地方本科院校转型发展实践与政策研究报告》

二、研究意义

当前，国家已经明确提出要推动地方本科高校转型的战略，但是这一战略仅仅停留在政策框架上，作为主体方的地方本科高校还需要自行探索。选择地方本科高校转型作为研究主题，具有深刻的理论意义和实践价值。

（一）有利于服务区域经济转型升级

《国家中长期教育改革和发展规划纲要(2010—2020 年) 》明确提出，要“满足经济社会对高素质劳动者和技能型人才的需要”“全面提高高等教育质量”“高等教育结构更加合理，特色更加鲜明，人才培养、科学研究和社会服务整体水平全面提升”。2015 年 10 月，教育部等三部委联合出台的《关于引导部分地方普通本科高校向应用型转变的指导意见》中提出，“推动转型发展高校把办学思路真正转到服务地方经济社会发展上来，转到产教融合校企合作上来，转到培养应用型技术技能型人才上来，转到增强学生就业创业能力上来，全面提高学校服务区域经济社会发展和创新驱动发展的能力”。[8]党的十八大报告明确提出，要“推进经济结构战略性调整，加快传统经济转型升级”“推动实现更高质量的就业”，可见培养应用技术型人才、服务产业转型升级已经成为高校改革的重中之重。

金融危机爆发后，世界经济和产业格局发生了深刻变化，实体经济重新回归，“低碳经济”和“绿色增长”成为主题。对于我国而言，过去几十年在低端制造业领域凭借资源成本、特别是低廉的人力成本形成的成本优

---

[8] 教育部，等. 关于引导部分地方普通本科高校向应用型转变的指导意见［EB/OL］. http://www.moe.edu.cn/srcsite/A03/moe_1892/moe_630/201511/t20151113_218942.html.

势已经不再是优势。在经济形势倒逼下，推动产业转型升级已经势在必行，密集型产业、低附加值产业、低技术产业将逐步被技术密集型产业、高附加值产业、高新技术产业替代。经济产业转型升级需要大量应用技术型人才，而当前高等教育结构与经济产业结构不相适应日趋严重。作为人才第一资源和科技第一生产力的结合点，高校在经济社会发展中的地位和作用日渐重要，高校已经由社会的边缘逐渐走向社会的中心，国家也在大力引导地方本科高校为适应产业转型升级的需求来培养应用技术型高级人才。

发达国家的历史经验表明，经济转型升级有两大重要的路径依赖，其一是对人才的依赖，其二是对科学技术的依赖。人力资本与产业结构息息相关，科技创新能力又决定产业发展的潜能。当前，我国经济转型升级正处于重要的历史拐点，体现为经济下行压力增大与经济转型升级初步形成。2016 年我国国内生产总值(GDP) 增长 6.63%，比 2015 年下降 0.3 个百分点，同时“一带一路”“中国制造 2025”“互联网+”行动计划等的实施与推进，使我国产业结构不断调整和升级。“十三五”期间我国将从工业大国向服务业大国转变，实现 2020 年服务业占比达到 55%的服务业主导格局，2020 年也成为我国经济转型升级的最后“窗口期”。研究预测，到 2025 年，互联网、新机器人、现代物流网络等对全球经济的直接影响将达到 14～33 万亿美元，可以生产 16～40 万亿美元的新增经济价值。面对新一轮技术革命和产业变革的机遇与挑战，我国能否在“十三五”期间转变经济生产方式和调整产业结构，是决定我国能否实现经济社会发展宏伟蓝图的关键因素，如果错失发展良机，将会进一步加大我国与发达国家的差距。[9]不论是发达的资本主义国家还是新兴工业化国家或地区，都在

---

9 迟福林．转型抉择 2020：中国经济转型升级的趋势与挑战[M]．北京：中国经济出版社出版，2015．

不断地推动劳动密集型产业向资本技术密集型产业转型升级，地方本科高校的转型将为应用技术人才的培养、将应用科学研究成果用于服务产业转型升级带来契机。因此，对地方本科高校转型的研究有利于服务区域经济转型升级。

（二）有利于解决企业招工难与大学生就业难之间的矛盾

多年来，大学生就业质量报告显示，地方本科高校大学毕业生就业率低，专业对口率低，就业质量不高。[10]地方本科高校在人才培养上高不成低不就的状况影响到学校的社会声誉进而造成生源危机和发展危机。[11]随着我国产业转型升级不断加快，人才培养与劳动力市场需求错位的矛盾日益突出，受传统老牌高校办学模式影响，部分地方本科高校尤其是新建本科院校沿用传统的学术型发展道路，导致人才培养结构、规格与社会需求错位和脱节，不仅制约着经济社会的发展，也无法保证地方高校的发展质量。如何立足地方经济社会发展尤其是服务产业转型升级的需求来发展地方高校，已成为地方本科高校亟须解决的重大问题。

当前，大学毕业生“就业难”问题已成为全社会关注的热点，同时也成为国家制定高等教育政策的基点。相关调查显示，目前不同类型院校大学生的就业状况差异显著。2011 年全国高校毕业生初次就业率为 77.8%，其中“985”院校毕业生初次就业率最高，其次为高职高专院校和“211”

10 全国高等学校学生信息咨询与就业指导中心，北京大学教育学院．全国高校毕业生就业情况[M]．北京：北京大学出版社，2011．

11 李立群．地方本科高校转型职业教育的路径研究[J]．教育探索，2015(3)

院校、独立学院、一般本科院校。[12]地方本科高校的初次就业率为75.8%，特别是1999年以来升格本科的院校，就业率和专业对口率低，就业质量不高。[13]近年来每年大学毕业生超过700万人，加上新增劳动力人口以及农村转移的富余劳动力，就业问题成为一个严峻的社会问题。大学毕业生就业状况从某种程度上反映了人才的层次、规格、类型、质量与劳动力市场需求的匹配关系。

引导部分地方本科高校向应用技术型高校转变，可以从根本上缓解高校毕业生就业难问题。地方本科高校转型为应用技术型大学，将会调整高校的发展结构，加强人才培养与市场的接轨，优化大学生的就业结构。调查表明，大学毕业生依然处于低就业状态，并且处于当地月收入较低的25%行列，说明部分毕业生被迫选择了与自身不相匹配的工作。根据麦可思研究院的调查，2013届大学毕业生的就业满意度仅为56%，从衡量就业质量的另一项指标——离职率来看，2013届大学毕业生毕业半年内有34%的人离过职，其中98%是主动离职，“薪资福利偏低”(49%) 是仅次于“个人发展空间不够”(51%) 的主要原因，也是大学生就业难的关键所在。[14]

从上述分析可知，大学生就业难不仅是教育本身的问题，同时也是一个复杂的社会问题，经济结构调整、企业转型升级和生产方式转变都是重要的影响因素。但是，地方本科高校的转型发展可以从根本上缓解高校毕业生就业难问题，高校转型是高校“育人”本质的理性回归，是解决大学生就业难问题的重要战略走向。

---

12 全国高等学校学生信息咨询与就业指导中心，北京大学教育学院．全国高校毕业生就业状况(2004－2008) [M]．北京：北京大学出版社，2011．

13 应用技术大学(学院) 联盟地方高校转型发展研究中心．地方本科高校转型发展实践与政策研究报告[EB/OL]．http：//wenKu.baidu.com

14 麦可思研究院．2014年中国大学生就业报告[M]．北京：社会科学文献出版社，2014．

（三）有利于推动地方本科高校的内涵式发展

自1999年高等教育大众化扩招政策颁布以来，我国高等教育以外延扩张为主要发展模式，效益主导高校发展，高校寄希望于“以最少的投入获得最大的产出”，造成生师比不断攀升的趋势。部分地方本科高校将“论文”“专著”“课题”等要素作为衡量教师发展的指标，导致科研成为主导教育发展的异化力量，视教学为教师沉重的包袱，“人才培养”成为一句空话，教育远离了“育人”的轨道，学生也成为高等教育外延式发展最大的“受害”人群。

当前，高等教育的发展已经从精英化阶段步入大众化阶段，并逐步迈向普及化阶段。在高等教育实践领域，教育主管部门通过实地调查以及对欧美国家高等职业教育体系的分析、研究和借鉴，从制度顶层对我国高等教育结构进行了重新设计和调整，提出了地方本科高校向应用技术大学转型和构建现代职业教育体系的战略部署，过去高校更多重视“物”的投入积累，如今转型发展将转变到更加重视“人”的因素，即为人服务、为区域发展服务。高校内涵式发展表现为科学的顶层设计、高水平的师资队伍、合理的学科专业结构、鲜明的办学特色和良好的社会声誉等，本课题的研究既是地方本科高校推动内涵式发展的题中之意，也是服务区域发展的应势之需，因此要推动高等教育的内涵式发展，必须大力推动地方本科高校的转型。

（四）有利于提高政策制定的科学性和合理性

当前，地方本科高校作为我国高等教育的重要增长极，高校转型发展备受国家和社会的普遍关注。国家通过政策和行动方针引导地方本科高校转型。《国务院关于加快发展现代职业教育的决定》(国发[2014]19 号) 明确提出:“采取试点推动、示范引领等方式,引导一批普通本科高等院校向应用技术类型高等院校转型,重点举办本科职业教育。”[15]目前,我国多个省份已出台了相关政策,引导地方普通本科高校向应用型转变,在教育部相关司局的支持下,应用技术大学(学院) 联盟和新建本科院校联盟都已成立,联盟中有一批高校已在应用型本科院校的建设上进行了卓有成效的探索。2014 年 4 月,178 所高校聚集河南驻马店,以“产教融合发展”为主题,共同探讨“部分地方本科高校转型发展”之路[16]。可见,地方本科高校转型已经成为构建现代职业教育体系,服务地方经济转型升级,促进高等教育内涵式发展的重要抓手,因而,为国家和地方政府制定高校转型政策提供参考依据也是本课题研究的着力点之一。

高等教育进入后大众化时代,高校趋同发展使高等教育结构性矛盾日益突出,学科专业结构不合理降低了毕业生服务经济社会发展的质量。地方本科高校转型成为破解高等教育供给和社会需求这一结构性矛盾的关键,将推动更多学生成为掌握技术技能的专业人才并顺利就业,能有效缓解毕业生就业难和企业招聘难的矛盾,同时能促进地方经济社会的发展,提升高校服务地方经济社会发展的能力,促进整个社会健康可持续的发展。

教育是嵌入整个社会体系中的一个子系统,地方普通本科高校转型发展是高等教育领域继高校扩招、院校合并之后又一次深刻的变革,有利于打破封闭办学、自我评价的发展链条,将学校人才培养、科学研究、社会服务环节与产业链、公共服务链和价值创造链对接,使大学成为产业的大学、城市的大学、社区的大学。

地方本科高校的内外部环境都发生了巨大而深刻的变化,面临重要的

---

[15] 龙爱琴,陈敏.引导一批新建本科高校向应用技术大学转型[J].科教导刊 2014(8).

[16] 刘博智.深化产教融合推动转型发展[N].中国教育报,2014-4-28(3).

历史转换期，地方本科高校应如何适应经济社会转型发展的大趋势？如何与区域经济密切联系起来？在人才培养和科学研究上与学术型大学有何区别？在办学途径上，产学研是否有实质性合作？教师队伍又应该做何种转型？这些都是转型高校急需思考的现实问题。

第二节　理论基础

一、高等教育大众化理论

高等教育大众化理论又称为“特罗理论”，是关于高等教育规模扩张的量的理论以及高等教育发展目标的一种预警理论。我国改革开放后，高等教育在经历了一系列巨大的改革与调整。从 1978 年到 1998 年，我国普通高校招生规模从 40 万人增加到 108 万人，在校生规模从 86 万人增加到 341 万人。1999 年，党中央、国务院立足于我国现代化建设全局，面向 21 世纪经济、科技和社会发展形势的变化，做出了“扩大高等教育规模”的重大决策。[17]我国用 10 年时间实现了其他国家 30 年、50 年的高等教育规模扩大的道路，促进了我国人力资源开发水平，推动了经济社会发展的水平。

(一) 大众化理论提出的背景

美国特罗教授于 1973 年发表的关于高等教育大众化的论文，于 1999

[17] 张美云，刘少雪．现代大学治理亟须完善权力的制约与监控机制[J]．黑龙江高教研究．2012，30(5)

年翻译成中文并在我国引起关注，对我国高等教育的发展起到了重要的推动作用。特罗教授提出了精英高等教育、大众化高等教育、普及化高等教育的划分标准，是对世界高等教育发展的逻辑判断。美国克拉克·科尔教授也引用特罗教授的划分标准，同样，日本、韩国等亚洲国家的学者也广泛采用了这一理论和划分标准。

美国的高等教育大众化是一个“自然”的过程，它依赖于教育民主化意识的觉醒，也依赖于现有的高等教育制度和结构。而我国的高等教育大众化是在国家政策主导下的一种“政府行为”，缺少了市场化的意识和高等教育的主动探索行为。我国高等教育大众化的实施，面临着经费制度、大学与社会的互动机制、学科专业的设置、管理体制等方面的问题。随着大学的功能与职能的多样化，过去政府对大学的控制需要转向大学的不断增强的独立性，构建高等教育与市场的良性互动机制。以大学的融资渠道为例，美国大学的经费主要来自联邦财政拨款、学生缴纳的学费、企业界的捐赠、科研经费等，随着大学与社会互动关系的增强，企业为大学提供的经费越来越多，大学的市场能力也将不断增强。

高等教育大众化回答和解释了高等教育由于规模扩张引发的新的矛盾的解决之道，在本质上揭示和解释了高等教育活动变化的趋势。我国对高等教育规模的扩张一直持有乐观的判断，但是忽视了高等教育规模扩张带来的潜在矛盾与危机。大众化所引发的大学与社会内、外部关系的变化，尤其需要引起我们的重视。

（二）大众化的核心内涵

大众化是揭示变化的一种理论，是揭示变化的一个信号，它具有一种预警功能，如同出现弯道和进入隧道前的警示牌，提示和警示路况发生的改变进而应该做出的行为改变。[18]高等教育规模的扩张必然推动教育的变化与转型，这也是大众化理论对于教育的真正影响。

特罗将高等教育的规模扩张与质量变化相结合，提出了高等教育发展的不同历史阶段量变和质变相互依存的关系，为国家制定高等教育体制与发展政策提供理论依据，这一理念为国家推动高等教育改革与发展提供了新的视角。

特罗高等教育大众化理论引发各国高等教育体制的重建，20 世纪 80 年代以来，日本、韩国、新加坡等亚洲国家的理论界将这一理论用于实践指导，成为政府决策的一大理论依据。特罗从高等教育规模、观念、功能等 11 个维度，论述了高等教育发展三阶段从量变到质变的全过程，其理论可用表 1-1 来概括。

表 1-1 高等教育发展三阶段的量的变化和质的 11 个维度变化[19]

	精英阶段	大众阶段	普及阶段
高等教育规模(毛入学率)	15%以下	15%～50%	50%以上
高等教育观	上大学是少数人的特权	一定资格者的权利	人的社会义务
功能	塑造人的心智和个性，培养官吏与学术人才	传授技术与培养能力，培养技术与经济专家	培养人的社会适应能力，造就现代社会公民
课程	侧重学术与专业课程高度结构化和专门化	灵活的模块化课程	课程之间、学习与生活之间界限被打破，课程结构泛化

[18] 邬大光．高等教育大众化理论的内涵与价值—与马丁。特罗教授的对话[J]．高等教育研究，2003(6)．

[19] 高葵芬．重审马丁·特罗高等教育大众化理论[J]．辽宁教育研究，2005(7)．

续表

	精英阶段	大众阶段	普及阶段
教学形式与师生关系	学年制，必修制重视个别指导法，师徒关系	学分制，讲授为主，辅以讨论，师生关系	教学形式多样化、应用现代化手段、师生关系淡化
学生的学习经历	住校、学习不间断	走读、多读学生的学习不间断	延迟入学、时学时辍现象增多
学校类型与规模	类型单一、每校数千人、学校与社会间的界限清晰	类型多样化、三四万人的大学城、学校与社会间的界限模糊	类型多样至没有共同的标准、学生数无限制、学校与社会间的界限逐步消失
领导与决策	少数精英群体	受政治、“关注者”影响	公众介入
学术标准(质量标准)	共同的高标准	多样化	“价值增值”成了标准
入学与选拔	考试成绩，英才成就	引进非学术标准	个人意愿
学校行政领导学校内部管理	学术人员兼任高级教授控制	专业管理者，初级工作人员和学生参与	管理专业，民主参与，校外人士参与

二、共生理论

“共生理论”由德国生物学家德贝里提出，是指不同种属生物以某种物质联系共同生活在一起。该理论运用到社会科学领域，则是指异质对象结成友好、合作、相互促进的社会形态。[20]由于双方所处的区位具有不可替代性，地方高校与地方政府、企业在人才培养、科学研究、科技创新中的

[20] 刘松平，刘国平，周艳荣. 基于共生理论的区域经济与地方高校互动发展研究[J]. 当代教育论坛，2008(5) .

合作性很大。

首先，校地共生发展应遵循互惠性原则，既要符合学校发展实际，还要与地方社会经济发展相协调，实现合作共赢。其次是互补性原则，实现二者在物质、科技、人力等要素之间的互补与共享。再次是主动性原则，地方高校对地方社会的引导和适应是辩证统一的关系，地方高校要主动适应社会发展需要，也要积极参与社会变革与发展。[21]最后是市场性原则，校地互动在市场中运行，市场因素是重要的外部因素，二者互动必须符合市场发展的规律。[22]

（一）地方发展需要地方高校服务

地方高校的“区位”资源和地缘优势是宝贵的战略资源，因此，地方高校拥有服务地方发展的优越地理位置。加上地方高校具有明确的地方服务范围，与地方政府在地方经济建设中合作空间较大，一旦地方高校充分利用地缘优势和自身的发展特色和优势，将在地方经济建设占据重要的位置。

1．地方高校为地方发展提供人力支撑

人是社会发展中最活跃的因素，经济的快速发展依赖于人力资本的先行发展。大学教育对经济发展贡献巨大，大学通过培养高素质专业技术人才作用于社会经济生产，提高经济生产效率；大学教育改善劳动者的劳动能力和管理水平，开发人的创造潜力，提高人的综合素质。我国经济发展急需大量服务地方发展的应用技术型人才。区域产业转型升级不断加快，

---

21 顾永安．校地互动：地方高校科学发展的新思路[J]．高等教育研究，2011(2)．

22 龚放．观念认同政府主导项目推动——再论打造“长三角高等教育发展极”[J]．教育发展研究，2005．

将农民培养成为懂知识、有文化、会创新、会经营的新型农民，需要地方本科高校有针对性地对接地方实际，更好提升地方人才的储备水平。

2. 地方高校为地方发展提供技术支撑

技术创新是知识转化为现实生产力的中介。地方经济产业结构调整、企业创新驱动项目的开发，需要技术支持与创新。近年来，得益于产学研合作，地方高校应用型科技研发，加大力度与地方企业进行技术合作与研发，带动地方产业结构升级换代，并产生新的经济增长点，推动了地方经济社会的发展。

（二）地方高校的发展需要地方政府的支持

地方高校发展需要充足的资金和丰富的资源来支撑，地方政府是高校转型最主要的投资者，因此，地方高校只有积极投入到地方经济社会发展的洪流中，才能争取地方政府更多更大的支持。

1. 地方经济发展的实力决定地方高校获得的财力支持

地方高校的发展需要有坚实的物质基础和旺盛的教育需求，这有赖于地方经济发展的综合实力。地方高校的生存和发展依靠地方财政支持，只有充分利用地方政府经济和政策优势来提高学校的综合实力，才能在人才培养、科技创新中获得地方政府更多的支持。

2. 地方经济产业发展的结构决定地方高校人才培养的结构

不同发展时期有不同的经济发展水平、产业结构和经济发展的战略重点，同样，地方经济发展的结构决定了人才需求的规格、类型、层次和结构。当前，我国正处于产业结构调整期和经济发展方式转变期，这成为地方本科高校转型调整的重要因素。

3．地方政府发展战略决定地方高校政策支持力度

市场需求和变化是地方本科高校学科和专业设置的导向之一，地方高校只有依托地方经济发展的战略规划，以服务地方发展作为引领和支撑，才能在服务地方的过程中实现自身的内涵式发展，为地方经济发展提供智力支持和咨询服务，地方政府才会给予更多的政策支持。

以上分析表明，地方经济的发展离不开地方高校的发展，与此同时，地方高校在履行育人职责和服务社会的职能时，也需要地方政府的财政支持。在某种程度上，地方政府支持的力度决定了地方高校发展水平和方向。总之，地方社会的现实和长远的需要是地方高校改革与发展的动力，地方高校发展与地方发展是相互依托、互动共赢的关系。强调地方高校与地方社会经济的互动演进的动态关系为核心来促进二者的协同与发展[23]。

共生理论包含以下内容：

第一，强调教育是社会经济发展的基础。

第二，强调教育与社会是互动发展的关系，教育只有作用于社会经济的发展，才能与社会获得协同发展。同时，社会要大力扶持和发展教育，促进教育发展的最大效用。

第三，强调教育转型和发展不是自发产生的，是国家和民族在推动社会发展的过程中，准确把握现代教育发展的规律以及社会的现实需求对教育提出的诉求。

第四，教育和社会发展的作用形式是随着时代的发展而发展的。经济产业转型升级需要高等学校转型发展，高校通过转型发展才能推动和引导社会经济的发展。

共生理论强调社会与经济不断融合并促进教育发展这一观点，同时也提出教育的转型和发展会反作用于社会经济的发展，成为促进社会发展的

[23] 冯增俊．教育创新与社会发展[J]．教育导刊，2002(8/9)．

因子，教育只有反作用于社会，才能与社会协同发展；社会通过大力扶持和发展教育，才能更好发挥教育服务社会的职能。

冯增俊教授(2002) 指出，教育与经济的互动关系是基于准确把握相应社会经济运行和发展特征的基础上，对教育转型的规律进行创新和运用才能促进经济的不断发展。[24]随着时代的变迁，社会经济不断发展和演变，教育特别是高等教育应寻求转型和发展，以最好的发展状态服务于社会经济的发展。

(三) 共生理论有关教育转型的基本观点

共生理论与人力资本理论一样，均强调教育是社会发展的动力因素，应重视自身与社会的融合互进发展，同时也指出教育转型是教育发展规律的体现，是推动教育走出传统封建教育堡垒，走向与经济社会发展实际结合的保障，教育的转型应与时俱进，是一个不断循环递进的历史进程中互相融合的道路。

1. 地方高校需要在服务社会中实现转型

共生理论强调教育对社会经济发展具有促进作用，同时一些与社会发展不相适应的教育也抑制社会的发展并产生负面作用，因此教育特别是地方高等教育要在时代和所处的区域社会中与时俱进地实现自我转型，才能推动社会经济的发展。

历史上依据外界社会变化的需求实现大学转型的例子很多，如 19 世纪初，以拿破仑为首的执政党为了适应资本主义工商业的发展，大力推动大学转型与变革，如关闭巴黎大学，推动应用技术型学校的发展，创办了巴黎理工学校、巴黎师范专科学校等实科类大学。这些应用型高校的发展，

[24] 冯增俊. 教育创新与社会发展[J]. 教育导刊，2002(8/9).

不仅培养了大量的专业技术人才服务国家和地方的经济发展，还为日后国家经济发展所需的科学研究奠定了坚实的基础。罗马俱乐部在《学无止境》这一报告中指出，教育要致力于转变人类的学习方式和方法，推动从维持性学习向创新性学习的转变，这是人类走出“发展极限”的战略通道。据此，学校教育要进行改革和创新，才能胜任新科技革命的挑战对人才的需求与技术创新的诉求。

2．市场机制是引发教育转型的动力

共生理论强调高等教育应与社会形成互进发展模式，建立适应社会发展的市场机制。[25]当前，世界高等教育管理运作体系主要有两种，第一是政府调控下的学校分工制，如欧洲推动任务和目标导向下的大学分类设置，以德国为例，有国立大学、地方大学等不同类型设置。第二是市场调节下的自由竞争制，大学为实现资源整合融入市场竞争中，这一类型以美国为典范，国家不为大学的发展设立统一的标准，而是通过拨款、投入等都竞争性方式对大学进行管理，从而推动大学的转型与建立起学校与社会的共生体。特罗指出：“市场具有两大特征，第一，市场的产出并不由政府决定；第二，当市场竞争加大时，产品的质量成为决定生产者成败的关键性因素。”[26] 随着社会经济的快速发展，高等教育的市场运作使高教呈现出无限活力，与经济发展保持最佳的互进发展模式。

高等教育作为一种准公共产品，具有自身相对独立性和自身发展规律，但作为社会系统的一个子系统，始终与社会大系统紧密相连。从 1949 年到改革开放前的近 30 年中，高等教育一直保持着高度集中、垄断的办学体制。改革开放后，为适应经济体制的不断变革，政府逐渐下放管理权进而举办

---

[25] 冯增俊．教育创新与社会发展[J]．教育导刊，2002(8/9)．

[26] 联合国教科文组织国际教育发展委员会．学会生存[M]．上海：上海译文出版社．1980．

权，共生理论伴随着高等教育管理体制的变革和经济转型发展的大潮逐渐发展成熟。

潘懋元教授将高等教规律融入高等教育实践中，在谈到两条基本规律即教育的内外部规律中提出，高等教育的外部规律是指高等教育作为社会的子系统与整个社会系统及其他子系统之间协同共生的规律。[27]20 世纪 90 年代后，董泽芳、眭依凡等学者又将共生理论进一步发展和创新。董泽芳教授(2000) 认为，区域高等教育应主动对接区域经济社会，服务区域经济社会，其中结构的对应很重要。地方本科高校是我国高等教育重要的中坚力量，加速了高等教育区域化进程，地方本科高校与区域经济社会发展的互动发展有助于解决地方本科高校发展模式单一、结构失衡、缺乏特色、与区域经济社会发展需求脱节等弊端。[28]眭依凡教授(2010) 提出，社会需求是地方高等教育发展的目标之一，在近百年曲折发展和时代变革中，高等教育已经从国家的政治需求转变到人才培养和社会服务中，二者的互动互进发展是实现国家创新和区域经济社会发展的重要保障。[29]

对地方本科高校来说，所处的区域就是最大的舞台。正如牛津大学前校长卢卡斯所言："社会塑造了大学，大学也要随着社会转型而转型。"[30]社会经济系统与高等教育系统同属社会的子系统，经济基础是高等教育得以存在和发展的物质保障，决定高等教育发展的速度、规模和结构和质量水平。人类社会正不断地从工业社会往知识经济过度，国民的智力水平和创新能力是社会经济发展的决定性因素，区域经济发展要求地方高等教育在

---

[27] 刘小强．关系思维与高等教育研究——纪念"教育外部关系规律、教育内部关系规律"提出三十周年[J]．中国高等教育评论，2011(2)：386．

[28] 董泽芳，柯佑祥．高等教育区域化研究[J]．江苏高教，2000(5)：32．

[29] 眭依凡．理性地捍卫大学：高等教育理论的责任[J]．清华大学教育研究，2010(1)：19．

[30] 梅友松，黄红英．地方高校转型发展研究[M]．北京：光明日报出版社，2015：18．

目标、模式、特色上要与地方发展相适应，否则就无法支撑区域经济社会的健康可持续发展。如果地方本科高校继续沿用传统本科高校的发展模式，必然与经济社会发展背道而驰。因此，地方本科高校应秉持主动服务地方经济社会发展的理念，努力成为区域经济发展的"动力源"，科技转化的"孵化器"，实用人才的"培养所"和社会变革的"智囊团"。[31]

教育与经济的互进发展要求地方本科高校要为地方社会的政治、经济和文化发展服务。[32]一方面，高校要拆除"象牙塔"和"知识工厂"的围墙，肩负起"服务站""超级市场"的职责，主动服务区域经济社会发展需求，着力解决区域经济社会发展中遇到的现实问题。另一方面，高校的生存和与发展离不开区域经济社会的鼎力支持，特别是在经费投入方面，而且财政扶持对高校可持续发展的影响力在增加，所以社会服务应成为高校其他功能的目的和归宿和衡量高校综合实力和核心竞争力的重要指标。

（四）共生理论与高校转型

20 世纪 90 年代，倡导大学与区域发展相互作用的美国州立大学学院协会会长奥斯塔(2009) 提出"相互作用大学"，其基本发展战略是让高校与所处辖区的企业界、公众及政界领导建立一种积极的、双向作用的伙伴关系，为实现区域经济社会和谐发展而努力。[33]瑞士高校课程标准紧贴行业企业的实际需要，积极服务区域经济社会发展。瓦莱州建设的 Ark 科技园是专业从事信息和通信技术、生命科学和工程技术研究的科技机构，积极利用自己的区位优势，全方位支持高校师生创业，在创业基金、办公条件、专业

[31] 董泽芳，张继平．地方高校服务社会的价值取向[J]．高校教育管理，2007(3) ：12．

[32] 潘懋元．教育的基本规律及相互关系[J]．高等教育研究，1988：1．

[33] 连莲，许明．近年来英国高等教育促进区域经济和社会发展的政策与实践[J]．比较教育研究，2009(11) ．

指导与商务运行等方面提供服务。[34]

地方高校与地方经济的互进发展主要体现在两方面：一是学科专业以地方产业发展为导向；二是地方产业反哺高校学科专业群，这两点需要政府发挥协调和促进作用。地方本科高校是根据区域发展的现实需要创办，与地方经济社会发展有着天然的联系，“地方性”是它生存和发展的基础，“应用性”是服务的保障。从历史发展的角度来讲，大学与区域社会的发展呈现出一种互进发展的关系。大学在走向现代化过程中，通过培养具有专业知识和应用技术能力的人才来促进经济的发展，通过科学研究支撑起经济产业从而吸引大学生就业。大学正是在走向实用过程中才成为真正的现代大学。

三、主要概念界定

（一）地方本科高校

地方本科高校是指与部(教育部、工业和信息化部、中科院等) 属院校对应，隶属于各省、自治区、直辖市，以地方财政支持为主，承担着为地方(行业) 培养人才、提供服务的普通本科院校。地方本科高校占据了我国高等教育体系的半壁江山。根据教育部《2016 年全国高等学校名单》提供的数据，[35]截至 2016 年 5 月 30 日，我国共有普通本科高校 1 236 所，其中地方本科高校 1 123 所，占我国本科高校总数的 90.86%，是与我国经济和社会发展最直接、联系最密切的。这些伴随着高等教育大众化的发展而成

---

[34] 邓志良．借鉴瑞士高职教育经验提升院校社会服务能力[J]．中国高等教育，2010(6)．

[35] 郭少东．供给侧结构性改革背景下地方本科高校转型发展路径研究[J]．河南工业大学学报(社会科学版)，2017(4)．

长起来的本科高校，为我国高等教育规模的扩大做出了巨大的贡献。[36]

本研究以地方本科高校转型发展为研究对象，主要包括1999年后升格为本科的地方高校、2000年后新创办的独立学院以及有意愿转型的部分老牌地方本科高校。按照教育部规划，我国目前有700余所地方本科高校要向应用技术大学转型，本书以这些高校为研究对象，探索服务区域经济发展视域下高校如何实现转型发展。

我国高等教育培养的人才可以大致分为以下三类：第一是以学术研究为主的研究型人才。第二是以理论与实践相结合的应用型人才。这类人才是以理论为基础，理论实践相结合，需要将所学的专业知识理论转化为应用技能实践，然后服务于社会实践中，其间，不仅要注重理论，更重要的是要将理论联系到实际的转化过程中。第三是以专业技能为主的实用型人才。[37]培养本科层次的应用型人才须注意以下三点：首先是人才的应用性，即培养人才的综合技术技能，将人才培养定义为经济发展服务，为地方建设服务，培养各阶层、各系统、各行业“招之能战，战之能胜”的应用型人才。其次是人才培养的专业性，将人才分行业领域、专业领域，在人才培养中结合各行业领域的需求，优化调整计划课程体系，加强人才培养对于未来行业领域的适应性。再就是注重人才培养的实践性，注重理论解读和实践创新能力，将人才培养的知识结构、理论系统结合到未来需要的实践的体系上来，强化学生对于适应各行业领域和专业技能的实践能力。[38]

---

[36] 李剑平. 教育部：地方普通本科高校转型不搞“一刀切”[J]. 中国青年报. 2015-11-17.

[37] 邵波. 论应用型本科人才[J]. 中国大学教学. 2014(5) .

[38] 吴中江，黄成亮. 应用型人才内涵及应用型本科人才培养[J]. 高等工程教育研究，2014(2) .

（二）应用型高校

我国经济社会的发展推动产业转型升级和技术进步。应用型高校则是服务实体经济发展需求，立足国家科技发展，与区域经济相互融合，集职业教育、高等教育、继续教育于一体的新的大学类型。[39]应用型高校这一办学类型是内涵发展的一种方式，从办学层次看，应用型高校属于本科教育，名称具有典型性特征，即应用型，以培养应用技术人才和开展应用性科学研究为目标；从高等教育的本质属性看，则是为了促进人的全面、自由、和谐的发展。

（三）转型

转，即改变，转变；型，“铸器之法也”，本意指铸造器物的模子(用木做的叫模，用竹做的叫范，用泥做的称为型)，有“类型”“模式”“种类”之意。在现代汉语词典中，转型是指社会经济结构、文化形态、价值观念等发生转变，在社会学领域中是指“在相关的领域中发生的一系列的、大规模的和带有根本性的转变过程”，转型不是简单的更名或者升格，转型是主动求新求变的过程，是一个创新的过程。[40]例如，企业转型是指决策层按照外部环境的变化，对企业的体制机制、运行模式和发展战略大范围地进行动态调整和创新，旧有模式被新模式取代的过程。

转型有三大内涵：第一，转型是在原有基础上向新的方向转化。第二，转型是原有结构优化的过程。第三，转型具有不确定性，并不必然形成良性的结果。

---

[39] 孙长远，齐珍．论应用技术大学的发展历程及现实选择[J]．职教论坛，2016年(4)．

[40] 许慎．说文解字[M]．北京：中华书局，1963：287．

需要指出的是，之所以不用“转变”或“变化”这类的词语来替代转型，是因为在“转型”的内涵中，包含着一种对事物主导性质的把握。[41]

地方本科高校的转型包含共性和个性的层面，共性是指实现向应用型高等教育的转变；个性层面是基于学校自身实际所确定的具有区域特色的办学思路、定位与目标，即个性化特色化转型。[42]转型发展是对特定历史时期的必然选择，对于本研究中的地方本科高校转型发展，是指学校基于社会和自身发展的需要，在发展定位、学科专业设置、人才培养模式、服务社会模式等方面进行改革，目的就是推动学校由理论学术型人才培养向应用技术型人才培养的转变。地方本科高校转型，是地方本科高校从结构到形态、从形式到内涵，真正实现由以前的以培养学术型人才为主的高校向应用技术型高校转型，进而提高服务社会的能力。

第三节 研究方法与基本思路

一、研究方法

（一）文献研究法

本研究通过书籍、期刊、报纸、网络等媒介对相关文献资料进行收集整理，检索范围主要包括以下三方面：一是有关地方本科高校转型与

---

[41] 张弛．转型时期高师院校学科建设策略研究[J]．清华大学教育研究，2006(2)：45

[42] 张社平．新建本科院校办学特色的构建与选择[M]．北京：科学出版社，2012：118.

区域产业转型升级研究的各种文献；二是近年来国内外关于高校转型的相关研究的成果，如论著、期刊论文和学位论文等；三是有关国家、地区或组织等颁布的高校转型的纲领性文件、法律法规、政策、条例、规定等，力求较为全面地掌握相关资料，然后对文献资料做进一步分析，使收集的文献发挥例证支持、观点佐证、背景比较、论点延伸和立论基础等作用。

(二) 个案研究法

本研究选择了广西A大学进行个案研究，并于2016年10月－2017年6月期间，累计8次实地考察这所学校，采访了28位访谈对象，其中校长(院长) 2人，处级领导干部7人，专职教师4人，行政管理教师5人，学生代表10人，获得了翔实的采访资料。

(三) 比较研究法

地方本科高校往应用性高校转型是我国教育改革领域的尝试与探索，而很多西方国家几十年前就大力推进应用型高等教育改革，成果也相对丰富与成熟，通过对德国、印度等国家应用型高等教育进行分析，研究我国普通本科高校的转型问题，更好地为我国普通本科高校转型发展服务。

二、研究思路(以作者论文为引线)

(一) 论文写作思路

研究思路是指研究者为解决某个现实问题，在选择特定分析视角的基础上，按照一定的逻辑脉络，建构适切的分析框架并展开具体研究的思维路径。本研究紧紧围绕“地方本科高校如何转型”这一主题，沿着“理论探讨——实地调研——国外经验——转型政策与对策”的研究思路展开。对于地方本科高校转型这一问题，本研究选取高等教育大众化理论、共生理论作为本文的理论基础，并以此为根本建构分析框架。

（二）论文框架

全文包括 7 章：

第 1 章，绪论。在关注地方本科高校转型发展这一研究领域的基础上，对文献进行严谨的分析和梳理，明确基本概念、研究方法和写作思路，提出地方本科高校“为什么转型”“转什么”“如何转”三个研究问题，指出本研究的创新与不足。

第 2 章，研究的理论基础和理论分析框架。人力资本理论、转型发展理论、共生理论是本研究的三个理论基础，本章节的理论阐述为后续深层次的研究指明了清晰的理论方向。

第 3 章，地方本科高校转型的内在机理研究。回顾了大学的起源和职能的演变，研究德国、印度等国家应用型高等教育发展的经验和特征，结合当前地方本科高校面临的时代危机来探明地方本科高校转型的内在机理。

第 4 章，转型实证：地方本科高校与区域耦合发展考察。分析地方本科高校与区域经济发展耦合的表现，结合 2000 年到 2015 年广西 16 年的面板数据，对广西地方本科高校的学科结构与区域产业结构做相关性研究，建立相应的回归方程。

例如，2000－2015 年，自然科学类学科在校生数净增量(x) 与三次产业产值变化(y) 的相关系数分别为 0.300、0.289、0.738，表明自然科学类学科在校生数净增量与第三产业产值变化有高度相关性，回归方程的相关系数 R 为 0.810，判定系数 R^2 为 0.656，说明方程的回归效果较好，回归方程为

$$y_3=10.195x_1-5.522x_2+11.912x_3+5\,469.535$$

第 5 章，地方本科高校转型发展实地调研。选取了广西两所地方本科高校作为转型个案进行深度实地调研，把握地方本科高校转型发展的实然状态，进一步证明地方本科高校只有在服务区域发展的现实导向下，方能实现转型发展的最佳状态。

第 6 章，地方本科高校转型发展战略路径的设计。结合理论分析和实地调查的结果，探究地方本科高校转型发展的战略路径，创造性地构建服务区域视域下中国地方本科高校转型的理论体系，即服务区域的教育转型理论体系。

第 7 章，结论和展望。总结了论文的主要观点和结论。

第四节　现有研究已解决的问题与尚未回答的议题

一、已有研究

（一）关于“为何转型”的研究综述

从国内文献看，对地方本科高校的转型原因的研究主要集中在以下几点：

(1) 解决大学生就业难的现实需要。

(2) 优化高等教育结构的需要。

(3) 构建职业教育体系的需要。

(4) 服务区域产业转型升级的需要。

何光耀和黄家庆(2014) 提出，目前同时存在的大学生“就业难”和企业“用工荒”现象，反映了高校培养的毕业生与社会对人才的需求之间存在较大差距，高校的人才供给与社会的人才需求在人才培养规格上的错位，教育结构不够完善，职业教育发展滞后，进而导致大学毕业生结构性失业。因此，必须调整高等教育结构，实现地方本科高校由实施学术型高等教育向实施职业型应用技术型高等教育转型。[43]焦新(2014) 提出，高校的人才供给与社会的人才需求在人才培养规格上的错位，导致大学毕业生结构性失业，制度性根源来自现有的高等教育结构体系。因此，必须调整高等教育结构，实现地方本科高校由实施学术型高等教育向实施应用技术型高等教育转型。[44]耿献辉和刘志民(2011) 认为，我国当前大学毕业生与整体国民经济的产业结构不协调，比如对国民经济增长贡献率较高的制造业，仅吸纳不到10%的大学毕业生。[45]刘颖和兰亚明(2013) 研究发现，我国高等教育经过了一种“非自然化的历史进程”进入大众化阶段，伴随的是专业设置调整的滞后，由此导致大学毕业生专业知识结构与市场结构出现偏差，这是影响大学生就业问题的重要原因。代懋等(2013) 通过构建相应理论模型，对我国高校毕业生就业匹配质量进行调查发现，约 1/3 的

---

[43] 何光耀，黄家庆．论地方新建本科院校的转型发展——地方本科高校转型发展研究之二[J]．广西社会科学，2014(10)．

[44] 焦新．地方高校转型发展呼唤顶层设计——访《地方本科高校转型发展实践与政策研究》课题负责人孟庆国[N]．中国教育报，2014-01-06 (4)．

[45] 耿献辉，刘志民．产业关联与高校毕业生就业效应分析[J]．教育与经济，2011(4)．

大学毕业生存在专业不匹配问题，同时还有近50%的高校毕业生存在“高能低配”。[46]

当前，我国高校办学存在过分趋同的倾向，“千校一面”“万生雷同”现象很明显，地方本科高校受到老牌本科的“压”，又受到同类高校的“挤”，还受到高职高专的“顶”，面对生存发展的压力，部分高校走上了转型发展之路。王玉丰(2013)认为，转型发展，既是摆脱现实压力的最佳出路，又是实现自身价值的根本途径。[47] 王义遒(2012)认为，高校“因服务职能相互重合而导致学校间恶性竞争，珍贵教育资源被滥用、闲置和浪费的现象，还会使高等教育脱离社会实际，人才市场供需失调，引发严重的社会问题”。要改变高校同质化现象，应推动高校转型发展。[48] 张兄武(2014)在文章《关于地方本科高校转型发展的思考》中指出：“推进地方本科高校转型，既是经济发展方式转变、产业结构转型升级的迫切要求，也是科学技术进步的迫切要求。”[49]我国高等教育已经从精英教育阶段走向大众化教育阶段，建成了世界上最大规模的高等教育体系，但人力资源结构却存在失衡。经济结构转变，劳动密集型逐渐被我国经济转型所淘汰，而如今社会需要的懂技术会运用的新型人才，这就迫使一批地方新建本科高校应用转型。王建华(2012)对大学的转型做了深刻的理论分析，“无论历史上还是现实中，大学转型一定肇始于某种新的大学理想的提出或某种新观念的问世”，转型是为了更好地满足政治以及社会经济发展的需要；同样，

---

46 代懋，王子成，杨伟国．中国大学生就业匹配质量的影响因素探析[J]．中国人口科学，2013(6)．

47 王玉丰．我国新建本科院校十五年回顾与展望[J]．高教探索 2013(5)．

48 王义遒．论大学精神形成演变的逻辑之道——大学精神之我见[J]．中国高教研究，2012(9)．

49 张兄武，许庆豫．关于地方本科高校转型发展的思考[J]．中国高等教育．2014(10)．

大学转型也是大学自身内在逻辑的自然延伸，即是为了满足大学自身对于大学理想的追逐。”[50]

有学者从构建现代职业教育体系的战略目标出发来看高校转型的原因。张应强(2014) 认为，[51]“完善我国高等职业教育体系”是目前地方本科高校转型发展政策制定的出发点。庄西真(2014) 提出，“现代社会的教育因为职业的不断变化，逐渐形成了学术型和职业型两种不同教育。学术型教育旨在培养科学研究和知识创新的方面有所造诣的人才，而职业型教育则在于承担起各类具体职业的劳动者。”[52]我国职业教育体系缺少本科及以上层次的职业教育，培养的毕业生缺少相应技术技能。我国现有的职业教育体系仍有断裂带，即中等职业教育、高等专科层次职业教育与近年来重点设置的偏重于应用型的专业硕士、专业博士之间存在间隔，而本科层次的应用技术人才则有效地填补这一空白，从而建立起完整的技术技能型人才体系，为技术技能型人才提供上升通道，使职业教育的“断头路”格局得以打破。[53]

目前我国产业转型升级力度不断加大，一方面新兴产业的崛起对高素质劳动力的需求大量增加，另一方面传统产业的调整对低素质劳动力产生排挤，这将对我国劳动力市场特别是高校毕业生就业产生巨大影响。韩迪娜(2016) 指出，地方产业转型升级的核心是提高自主创新能力，主要依托经济结构调整的科技和创新人才体系推动产业优化升级，从而实现由粗放型增长向集约型发展转变。而地方高校作为孕育科技与人才的重要策源地，

---

[50] 王建华．我们时代的大学转型[M]．北京：教育科学出版社，2012：308-312．

[51] 张应强，蒋华林．关于地方本科高校转型发展若干问题的思考现代大学教育，2014(6)．

[52] 庄西真．普通本科院校转型：为何转转什么怎么转[J]．中国职业教育技术，2014(12)．

[53] 庄西真．普通本科院校转型：为何转转什么怎么转[J]．中国职业教育技术，2014(12)．

应通过转型发展来推动人才培养的变革，使人才更好地服务区域经济和产业，加速推进地方经济工业化和城市进程。[54]目前，我国经济社会正处于转型升级快速发展的关键阶段。邵国良和王满四(2012) 提出，各行各业在产出产品中对科技水平要求越来越高，需要大量应用技术型人才迅速补充到经济产业发展中，随着新兴产业的崛起，应用技术型人才对社会的贡献力将超过传统意义的劳动者，这种现象在经济较发达的地区表现得尤为突出。而应用技术型人才在传统的学术型高校是很难培养出来的，因此需要推动地方本科高校转型。[55]

（二）关于“转什么”的研究综述

“转什么”即转型的内容，孟庆国等(2013) 认为，地方高校转型发展就是瞄准区域经济社会发展的需求，转型发展的主要内容包括人才培养目标、培养模式、生源来源、培养方案、师资队伍、人才评价等方面进行全方位的人才培养体制改革。[56]曲殿彬等(2014) 认为，地方本科高校的办学定位、专业建设、师资建设、教学模式、科学研究、管理方式、资源配置等都要转型，转型是一项系统工程，涉及学校办学的方方面面。[57]结合文献，本文将地方本科高校转型的主要内容概括为理念转型、定位转型、学科专业转型、人才培养模式转型、师资队伍转型。

1. 理念转型

张应强(2014) 提出，重学术轻应用是我国高等教育发展历史中的一个

---

54 韩迪娜．论地方高校服务地方产业转型升级探析[J]．湖北函授大学学报，2016(5)．

55 邵国良，王满四．高等教育的转型升级与经济的转型升级[J]．教育与经济，2012(1)．

56 孟庆国，曹晔．地方高校转型发展：路径选择与内涵建设[J]．职业技术教育，2013(18)．

57 曲殿彬，赵玉石．地方本科高校转型发展的问题与应对[J]．中国高等教育，2014(12)．

传统，学术型高等教育理念长期占据主导地位。这是由于应用型教育或职业型教育发展较晚，而且只是作为最低办学层次嵌入学术型高等教育体系的。同时，社会上对应用型教育价值的认识出现了严重矮化和窄化现象，形成了学术型高校地位远高于应用型高校、应用型教育低人一等的状况。这种状况导致相关高校担心由学术型转到应用型会降低学校身价，得不到教师认同而导致优秀教师流失，得不到社会、用人单位、考生及其家长的认同而丧失社会声誉和获取社会资源的能力。地方本科高校转型发展，需要高校和社会都转变对应用型教育的偏见。[58]目前我国大学教育理念出现了严重的功利主义倾向，高等教育正在走向庸俗实用主义教育，因此首先需要进行观念转型。[59]

2. 办学定位转型

张君诚(2014) 认为，新建本科应明确办学内涵与定位的关系，切忌产生转型会回到“升本前”的消极心理，学校章程中也应该体现应用技术大学转型，改变以学术论人才的评价模式，树立基于职业教育的人才质量观；本着总量控制、增量提质、存量优化的原则，调整专业结构布局，根据地方产业需求主动调整专业结构。[60]地方本科高校转型发展需要淡化等级、政府放权和优化环境。[61]

---

[58] 张应强. 地方本科高校转型发展：可能效应与主要问题［J］. 大学教育科学，2014(6) .

[59] 应用技术大学(学院) 联盟地方高校转型发展研究中心. 地方本科高校转型发展实践与政策研究报告[EB/OL]. http：//wenku.baidu.com.

[60] 张君诚，许明春. 地方本科高校向应用技术大学转型“三落实”研究[J]. 三明学院学报，2014(3) .

[61] 陈解放. 论地方本科高校转型发展——大学内在逻辑与观念文化视角[J]. 中国高教研究，2014(11) .

3. 学科专业设置转型

传统的专业设置多是根据现有的学科老师来设置专业，没有考虑到社会需求。这样势必会给高校毕业生带来就业压力。顾永安(2010) 在《关于新建本科院校转型发展的思考》中指出，学校应建立专业指导委员会，成员由政府、企业、学校和社会各界人士组成，通过听取不同领域的不同意见，深层次剖析地方市场需求和新兴产业发展状况，把学科专业建设与地方经济结构、市场发展结合起来，逐步构建满足地方政府、行业企业对人才需求的应用型专业集群。高校转型绝对不能照搬以往的课程体系，要建立学校特色化的课程内容，为地方以及行业企业提供适合岗位的人才，最终目的有两个：一是解决大学生就业难与人才过剩之间的矛盾；二是解决岗位过剩与招不到应用型人才之间矛盾。[62]高雪春和陈伟华(2014) 认为地方本科高校在向应用技术大学转型的过程中，必然要通过专业结构调整来加强专业建设。

4. 人才培养模式转型

赵新亮和张彦通(2015) 则在比较微观的层面提出，实现转型的关键在于推动专业结构的优化调整，实现专业结构与市场、行业、企业的人才需求对接；构建产学研全面融合，校企深度合作的应用型人才培养模式。孙长远(2014) 认为，地方本科院校要将隐藏的人力资源转化为现实的生产力，培养应用技术人才服务社会发展。因此地方本科高校要推动人才培养模式的转型。[63]关于实行校企合作协同育人方面，李军龙(2014) 指出，建立一批与社会经济发展需求相一致的、对接专业工作的实践基地；应用型高校非

---

[62] 顾永安．关于新建本科院校转型发展的思考[J]．教育发展研究，2010(3)．

[63] 孙长远，齐珍．应用型本科发展的历史脉络、困厄与出路[J]．河北师范大学学报(社会科学版)，2014(5)．

常注重实践能力的培养，加强建设实践基地共享平台，推进产学研合作也是转型过程中的重要措施；政府和教育部门除了要加大投入以外，国家层面做好顶层设计以及各级政府部门要统筹规划，建立配套的制度体系。[64]刘欣(2012) 从地方大学走出学术导向的传统办学模式，确立社会导向的新型发展观，立足所在地区的经济社会建设，探索以育人为宗旨的产学研一体化特色发展模式。

5. 师资队伍转型

魏会茹(2014) 提出，地方本科高校转型首先要推动教师队伍的转型，正确认识“双师型”内涵，明确认定标准，多渠道引进专业师资，优化结构体系，不断完善“双师型”教育制度，打造高层次的教师队伍。[65]由于多种条件的限制，地方本科高校必将经历转型建设的种种阵痛，诸如“双师型”教师的严重匮乏、课程体系的不完善等因素的制约，要解决这些问题，还应加强与本地有着较为丰富办学经验的职业技术院校合作，实现相关专业的资源共享，突破专业建设瓶颈，最终实现向应用科学大学的华丽转身。[66]

6. 高校管理制度的改革

陈锋(2014) 认为，转型发展的关键在于推动高校管理制度的改革，其切入点是要建立新的价值导向和评价标准，探索中国特色应用型高校建设之路。顾永安(2012) 提出，“在高等教育大众化进程中，地方本科院校面临

---

[64] 李军龙，滕剑伦. 新建地方本科高校向应用技术大学转型研究[J]. 洛阳师范学院学报，2014(10) .

[65] 魏会茹. 新建本科院校“双师型”教师队伍的现状分析和建设途径[J]. 科技风，2014(3).

[66] 高雪春，陈伟华. 新建本科院校向应用科学大学转型过程中专业建设现状调查研究[J]. 成都航空职业技术学院学报. 2014(6) .

着严峻的转型发展问题，而破解这一问题需要推进高校管理体制的变革，能否解决好这个问题，直接关系到其生存和发展。”[67]

（三）关于“如何转型”的研究综述

1．从理顺高校与政府的关系入手来看转型路径

如何转型即转型的路径。王者鹤(2015) 在《新建地方本科院校转型发展的困境与对策研究——基于高等教育治理现代化的视角》中指出，地方本科院校是发展的必由之路，同时亦是我国经济结构转型与进步的重点。要实现转型成功，除了学校自身要努力之外，地方政府与社会也必须要担负起应有的责任与义务，共同承担建设的职责，关于高等教育治理现代化的重要问题是怎样处理好政府社会跟学校的关系。地方本科院校的转型，必须要在尊重务实求是、科学的基础上，学校主动施行，地方政府政策上进行激励，社会积极支持，然后才能够顺利地实现转型。[68]李玉静等(2014)学者认为，现在关于我国的职业教育逐渐重视起教学质量以及内涵方面，真正地迈入了全新的转型期，地方本科高校转型应汲取欧美发达国家的先进教育经验，走具有中国特色的应用型大学发展之路。[69]

2．从文化创新发展的视角看转型路径

赵渊(2012) 分析了当前高校转型路径依赖，明晰高等教育政策主体、市场主体与高校办学主体正向规制力量的介入路径与建构形式，构建高等

---

67 顾永安．新建本科院校转型发展研究的几个重要结论[J]．常熟理工学院学报，2012(12)：1-6．

68 王者鹤．新建地方本科院校转型发展的困境与对策研究——基于高等教育治理现代化的视角[J]．中国高教研究，2015(4)．

69 李玉静，谷峪．国际职业教育治理的理念与实践策略[J]．职业技术教育，2014(31)．

教育政策主体、市场主体与高校办学主体三位一体、交叉嵌入的政策作用机制，阐述了高校转型路径：高校转型要传承与发扬先进办学文化传统，遵循教育发展规律，以科学的教育发展观、广阔的教育视野、强烈的教育使命感推进高等教育办学实力的不断提升，从而实现高校的转型。

3．从建设应用技术型高校的视角看转型

苏志刚等(2016) 提出，地方本科高校转型就是要建设符合社会转型发展需要的应用技术型高校，培养适应市场的应用技术创新人才，作者以宁波工程学院为例，探讨地方本科院校转型发展可能的路径设计：

(1) 规划先行，高度重视顶层设计；

(2) 产教融合，建设应用型学科专业。

(3) 变革人才培养模式；

(4) 打破均衡，改革人事制度；

(5) 完善教学质量评价。[70]

4．从配套政策的制定和落实看转型路径

张威(2016) 提出，虽然我国已经出台了关于“转型发展”的指导性政策文件，但系统的配套政策还有待进一步完善。如支持校企深度合作的法律法规、财税政策缺乏，多数企业接纳大学生在一线专业实习的积极性不高，更难有全面的深度合作。因此，亟待出台具体政策加以解决。[71]

5．从高等教育的分类看高校转型的路径

孙善学(2016) 提出，高校转型问题涉及普通高等教育和职业教育双重语境、发展应用型教育和举办本科职业教育双重任务，本来是一个全局性

---

[70] 苏志刚，周军，尹辉．应用型高校转型与发展：本质、动力与路径[J]．高等工程教育研究，2016(6) ．

[71] 张威．地方高校转型发展政策的制定与实施路径[J]．教育与职业，2016(8) ．

问题，但在实践中常处于两种语境割裂之下，需要统整不同认识、协调行动目标。作者从大力发展应用型教育、建立应用型高校类型、应用型高校举办本科职业教育、高等职业院校举办本科应用型教育、实行高校分类管理以及进一步下放办学自主权等六个方面为推动高校转型提出了路径建议。[72]

6．从高校个案看转型

为实现地方高校的转型发展，在专业建设方面必须认清专业建设的难点，重新定位专业建设目标，完善专业建设规划，构建以能力为核心的教育教学体系，强化实习实训基地建设和实习实训指导，加大专业带头人和教师实践能力的培养，全面提高专业建设水平和教育教学质量。[73]

（四）地方本科高校与区域经济互动关系研究

地方本科高校与区域经济互动关系研究的相关成果有基础研究和实证研究两个方面，基础研究侧重于高等教育的社会经济功能以及教育资源的分配问题，实证研究研究高等教育与经济的内在关系。

1．高等教育在服务区域经济发展中的贡献

高等教育的发展必须与区域经济结构相协调，才能实现自身的可持续发展和更好地服务区域经济的发展。史万兵(2004) 通过研究我国高等教育在服务区域经济发展过程中出现的困境、难点和现实问题，揭示高等教育对经济增长、社会发展的贡献和作用，探讨高等教育公平与效率的经济学解释及调整对策。京津冀区域高等教育对经济增长的贡献力强，对促进社

[72] 孙善学．高校转型的语境整合与路径选择[J]．中国职业技术教育，2016(18)

[73] 赵健．地方高校转型发展中专业建设的难点与路径选择——以黄淮学院国际经济与贸易专业为例[J]．天中学刊，2016(2)．

会和谐稳定作用大。北京高等教育对地区经济社会的贡献力逐年增加，北京教科院高教所经过计算，得出 1990—2007 年北京高等教育对地区 GDP 年均增长率的贡献是 3.32%，是全国平均水平的 3 倍之多。[74]

2．高等教育结构与经济产业结构的相关性

康宁(2005) 详细描述了我国高等教育资源配置制度演进过程，论证市场经济条件下高等教育资源市场化配置方式和改革路径。山东教育结构研究课题组(2002) 通过对山东省经济结构、产业结构、人才结构、分配结构、社会结构的变化展开研究，为山东省教育转型战略选择提供了科学依据。

马陆亭(2004) 在现有教育经济学的基础上，结合系统科学、管理科学等交叉学科的研究方法，对我国高校现有的层次结构进行了实证分析，提出教育结构与经济产业结构关联性。

3．高等教育分类对高校转型的影响

高校转型首先要明确自身所处的类型以及人才培养的目标，在联合国教科文组织的《国际教育标准分类法》中，高等教育包括第五级、第六级教育，第五级包含大专、本科、研究生教育，第六级包含博士研究生教育，如图 1-1 所示。《国际教育标准分类法》的第五级教育分为 5A 和 5B 两个类型，5A 的学习时间较长，一般为 4 年或者更长时间。从学习阶段的进程看，5A 同时 5A1 和 5A2 两种类型，5A1 指为进一步研究做准备，按学科设专业；5A2 指为适应高科技要求开设的专门教育，按照技术领域、航宇、产业来设专业。对应我国的现实状况，5A1 是以培养学术性、研究性人才为目标，5A2 是以培养应对社会经济产业发展的高科技应用型人才为目标，与经济

---

[74] 杨振军．首都高等教育对北京经济增长贡献的实证分析[J]．中国电力教育，2009(3)．

社会发展紧密联系，并直接为社会服务，人才培养侧重于科学技术应用，知识与技能兼备。5B 实用技术型教育是指职业技术教育，目标是为社会建设提供基础工程技术人员。国外发达国家如美国，实施应用教育的本科院校和就读的学生占到 90%。我国现有地方本科高校中真正实施应用教育的为数不多，按照高等教育分层错位发展要求，我国现有 600 多所普通本科院校中，除少量以培养创新型、研究型人才为主以外，大多数应该培养应用型人才。[75]

潘懋元教授提出我国高校的三种分类：学术型大学、应用型本科高校、职业技术高校。陈厚丰在其著作《中国高等学校分类与定位问题研究》中按高等学校的三大社会职能将我国高校划分为四型：研究型、教学科研型、教学型和应用型。应用技术型高校以应用型人才的培养为出发点和落脚点，应用型教育则主要由地方性本科高校来承担和完成，比如工程教育、技术教育和应用型人文教育。

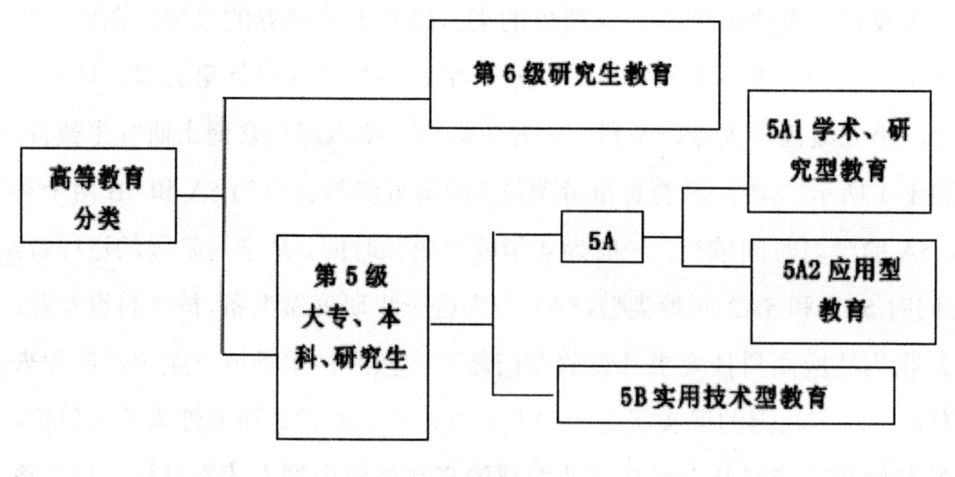

图 1-1　国际教育标准分类法

[75] 张丽萍．地方本科高校向应用型大学转型的难点探析与路径选择[J]．2008(10)．

在实践性研究方面，叶品樵(1992) 对福建普通高等教育的现状进行了深入研究，提出了福建高等教育结构调整的主要问题、目标、思路和对策，并对福建农、林、工、理、师范、医、财管、文、法等高等教育结构，进行分科别类的探究。齐亮祖、刘敬发综合了产业部门、社会组织和高等学校等多方的视角，研究社会人才需求结构和高等教育人才培养结构之间存在的内在联系，进而提出了高等教育规模扩充、高等教育结构合理化以及高等教育科类多样化等观点。

地方本科高校向应用技术型高校转型已经形成了共识，从地方本科高校当下发展的情况看，相当一部分高校并未准确把握转型的出发点和落脚点，从高等教育的分类研究可知，地方本科高校应以培养应用技术人才为目标，以服务区域经济社会发展为导向，往应用型本科高校发展。

二、从不同角度看待大学转型

大学转型具有内在的稳定性和规律性，国外高校多从组织变革视角对大学转型进行研究，国外对该领域的研究主要集中在以下几方面。

(一) 从大学职能的转变看大学转型

国外关于大学转型的研究主要对象是社区学院和成人学校等，杰罗姆・克拉贝尔在《制度的起源于转型：以美国社区学院为例》(1989) 、伯顿・克拉克在《成人教育的转型》(1956) 、《特色学院》(1970) ，均提出大学从最初的专业人才培养为主要使命，向服务社会的职能转型。亨利・埃兹科维茨的《麻省理工学院与创业科学的兴起》(2003) 一书被誉为分析大学在社会中的职能转变的权威著作，展示了麻省理工学院如何从一所赠地学院发展成世界著名理工科大学的历程，对学院在教学、研究及创业融为一体的转型过程中提出了新型师生关系、新型文化价值观，及“大学－产业”“大学－政府”的新型关系，提出创业型大学在一个产业愈发以知识为基础的社会中将发挥越来越大的作用。伯顿·克拉克《建立创业型大学：组织转型的途径》(1998) 以大学转型为主题，选择了英格兰、荷兰、苏格兰、瑞典、芬兰五所各具特色的大学作为研究对象，围绕大学转型的五个要素展开了深入的个案研究，即一个强有力的驾驭核心、一个拓宽的发展外围、一个多元化的资助基地、一个激活的学术心脏地带、一个整合的创业文化，采用概念分析和校史描述相结合的方法，阐明了创业型大学是如何建成的。

(二) 从大学发展的现实需求看大学转型

布瑞特(2008) 以美国高等教育最成功的典范即社区学院为研究对象，分析社区学院从以人文教育为主的组织向职业教育组织的转型。[76]研究发现，美国社区实现组织成功转型，实现职业教育对人文教育的“目标替代”，直接原因是从社区学院生存和发展的角度出发，作者提出社区学院存在学生认可度偏低、资金筹措困难等问题，需要从社区学院自身发展的现实需要出发来推动教育转型，这一研究对本研究是一个很好的启示。

---

[76] [美]史蒂文·布瑞特，杰罗姆·克拉贝尔．制度的起源于转型：以美国社区学院为例[A]．鲍威尔，迪马吉奥．组织分析的新制度主义[M]．姚伟，译．上海：上海人民出版社，2008：360-381．

三、国外高校转型动力机制的研究

英国高等教育理论家埃里克·阿什比在《科技发达时代的大学教育》一书中，从遗传环境学角度叙述了大学的发展进程，分析了推动大学转型的各种动力影响因素。阿什比认为“大学的规模扩展与体制创新，主要受三种力量支配：一是来自社会群体压力，即社会力量；二是对教育进行宏观调控和资源配置的行政力量，即政府力量；三是促进大学不断更新和完善的内在逻辑，即学校力量。大学转型依赖于这三种力量的发挥，任何一方缺失，大学的发展都称不上真正的发展。阿什比提出的大学发展的动力论观点，深刻阐述了大学转型的动力机制。

四、国外应用型高等教育的研究

国外对应用型高等教育的研究开始较早，现代意义上的应用技术大学兴起于 20 世纪 60 年代。为满足欧洲的资本主义经济的快速发展和工业化进程对高技能人才的需求，将工程学校与高等职业学校升级，由此诞生了第一批应用技术大学，形成了一种新的高等教育组织形式。

美国从 20 世纪 60 年代后期开始创办应用型高等教育，主要分大学和技术学院、工程教育两大类。美国高校的应用型人才具有较强的实践操作能力。[77]工程教育作为培养应用型人才的高等教育之一，注重与工业、经济的结合，应用性本科教育的实践以工作的实际需求为核心，培养学生满足工作的能力。在这种理念指引下，整个应用型本科教育系统都是在雇主对

---

[77] 袁兴国．美国应用型本科教育的实践探析[J]．江苏高教》，2009(3)．

工作的需求下进行设计。[78]

德国是在战后百废待兴的状态下发展起来的，并且在短短几十年里发展成为世界经济强国，这与其在高等教育领域推动的转型发展密不可分，即在扩大高等教育规模的同时重视应用型技术教育，本着学术自由的原则，坚持“教学和科研相统一”。而在 20 世纪 60 年代初，在面临迅速发展的工业化、信息化社会和高等教育大众化的总体趋势，应用技术大学培养了大量应用型人才。“一个采茶师，一个技工和一个大学教授，在德国社会待遇上基本是一致的。”[79]德国应用技术大学的成功创办给德国社会发展带来巨大的推动力。人才培养注重应用型实践性等特点，得到了德国教育界的广泛认可，2000 年德国教育部特别提出要将 FH 在校生的比例提升到 40%。[80]姜照辉(2012) 研究显示，德国之所以能二战的废墟上发展成经济强国，得益于该国大力发展应用技术大学，为德国经济发展培养了大量专业技术人员和研究人员，成为推动国家发展的重要力量。[81]

五、尚未回答的议题

当前对高校转型的研究有了不少理论方面的探讨和实践方面的经验总结，但尚存在未回答的议题。

第一，高校转型中的政产学合作机制方面研究还有所欠缺，尤其是对

---

[78] E．J．Hyslop-Margison：An Assessment of the Historical Arguments in Vocational Education Reform．Journal of Career and Technical Education，Spring，2001(1) ．

[79] Morgan．FH 还是 UNI，事先早掂量[J]．留学生，2004(7) ．

[80] Bundesministerium für Bildung und Forschung．Die Fachhochulen in Deutschlend．柏林：联邦教育和研究部，2000．

[81] 姜照辉．经济危机中的德国如何实现就业奇迹[J]．德国研究，2012(1) ：52-61．

于本科高校的研究少于对高职院校的研究。

第二，在研究高校转型过程中往往脱离了地方产业的需要和实际情况。研究者要么在教育当中研究，要么仅仅研究合作。不难发现，国内现有的一些文献和研究缺少对地方经济的一些优势企业、特色行业和影响这些产业因素的研究。如此一来，就使得对于产教融合和校企合作的研究浮于表面，研究仅仅存在于对于合同文本的解释，产教融合最终只能出现在浅层次的订单培养、专家咨询等方面，难以达到对于深层次的，资源共享的要求。

通过对上述文献的研究分析和梳理看出，国内外学者目前的研究成果主要集中在转型的概念分析以及通过经验得出的转型相关问题，如转型观念、转型定位、学科专业课程设定、师资队伍结构及建设、学校科研管理等方面。地方本科高校转型的研究成果尽管数量颇丰，但是大多还是立足于学校自身发展层面来展开大而阔的理论探析，主要目的是要总结出地方本科院校向应用技术类高校转型的一般路径，研究缺乏系统性，也没有形成理论体系，缺少转型实证、实地调研的研究方法，对现存的问题也缺乏相应的理论和实践支撑。

经过这些年的研究和探索，学术界对地方本科高校转型背景、内涵、存在问题以及解决策略等几个大方面已经有了相对翔实的理论成果，但仍有不足之处。

（一）研究方法单一，思辨研究占主导，缺乏质性、量化研究法

当前关于地方本科高校转型的相关研究主要采用定性研究加文献研究的方法。在定性研究中，主要依赖个人对地方本科高校发展的直觉和

哲学进行思辨研究，结合个人的主观经验提出一些看法，然后用演绎的方法对地方本科高校转型的现状进行验证，或者采用文献研究法，基于搜集、鉴别、整理已有的文献的基础上，引用其他学者的观点，对自己的看法进行论证。笔者认为，有必要尝试质性研究方法。[82]显然，借此可以获取第一手的、鲜活的资料。另外，地方本科高校既是转型政策的执行者，又是受益者，当然如果政策不当，也可能是受害者，因此对于政策的必要性及可行性最有发言权。因此，研究者们应该更多地采用质性研究方法，走出书房，走出图书馆，到地方本科高校去，与校长谈，与教师谈，与学生谈，深入细致地进行个案调查，全身心地体验和感悟转型过程中的“变与不变”。

以往对高校转型的研究偏重思辨性研究，研究较少采用深入一线的实地调研法，致使现有研究缺少有力的证据，本研究以服务区域视域下地方本科高校转型作为研究主题，从理论研究出发，结合历史研究、比较研究、实证研究，深入高校转型一线，真实展现当前地方本科高校转型的实然状态，为地方本科高校的转型发展提供更深的理论和实践创新。

（二）以服务区域发展为理念来推动高校转型的研究相对匮乏

我国研究者多从单一视角探讨高校转型相关问题，比如从高等教育自身发展的视角、教育质量的视角、学生就业的视角，研究内容虽具有普遍性，但鲜有将服务地方经济发展与高校转型结合起来研究，没有理清地方本科高校转型的内在机理，没有理顺地方本科高校与区域互动的逻辑，更多的是从高校自身出发分析和探讨转型原因、存在的问题以及路径选择，

[82] 所谓质性研究法，指“在自然环境下，使用实地体验、开放型访谈、参与型或非参与型观察、文献分析、个案调查等方法对社会现象进行深入细致和长期的研究”。

随着经济转型升级步伐的不断加快，研究的视角和方法应不断更新和扩展，因此，本研究需要在以下几方面推荐研究的进展。

深度研究地方本科高校转型的内在机理、地方本科高校与区域经济耦合发展的原理，为服务区域视域下地方本科高校的转型提供理论基础。

以区域发展为目标定位，探寻地方本科高校转型的战略路径。

以上两个问题都是目前该领域鲜有涉及的，本论文将拓展研究视角，补充已有研究的不足。

（三）地方本科高校转型的理论建构欠缺

文献研究发现，地方本科高校转型研究不仅仅是教育学的问题，同时也涉及社会学、经济学等诸多学科，但是研究者多从单一的理论研究进行分析，导致很多成果缺乏系统性，缺乏专门的理论研究整合和建构。本研究以人力资本理论、转型发展理论、共生理论为基础，构建我国地方本科高校转型的理论体系，即融合“教育服务性转型理论”与“教育应用性转型理论”为一体的转型理论体系。

第五节 创新与不足

一、本研究的创新

服务区域发展视域下地方本科高校转型问题不仅是教育学的问题，也是经济学、社会学的问题。本研究探寻地方本科高校如何实现转型，这对我们研究高等教育的分类发展、探明高等教育转型规律，明晰高等教育与区域经济互动规律具有重大意义，由此出发，本研究有以下四点创新。

1. 首次建构起地方本科高校转型研究的理论分析框架

本研究以人力资本理论、转型发展理论、共生理论等相关理论为指导，构建地方本科高校转型的 3W 理论分析框架，具有一定的理论原创性，丰富了地方高校转型过程中服务区域发展的内涵。

地方本科高校转型仅有几年时间，尽管已经积累了一定的研究成果，但是并未构建起系统化的理论体系，本研究在理论构建上的创新丰富了该领域研究的深度。研究以地方本科高校转型为研究主体，探寻地方本科高校转型的内在机理，进而提出地方本科高校转型的战略路径。在此框架下把高等教育发展置于政治、经济、社会、文化的宏观环境中，分析应用型高等教育对推动国家和社会发展的重要作用，通过实证研究结合转型个案把握地方本科高校转型的应然状态和实然状态，力求从不同视角获取地方本科高校转型发展的演进及特征等情况。本研究结合教育学、经济学、管理学、社会学等相关学科，交叉学科理论知识的理论建构，再加上多种研究方法的综合应用，体现了准确性与客观性，为后继研究奠定了一定的基础。

2. 研究成果新颖，填补了这一主题研究的空白

较为系统全面地研究了服务区域视域下地方本科高校转型的内在机理，通过历史研究、国别研究并结合当前我国地方本科高校面临的时代危机，结合转型实证研究与实地调研，深入剖析转型中地方本科高校应确立服务区域发展的立场，得出地方本科高校也只有在服务地方社会发展中才能实现真正的转型。这一研究成果大大拓展研究视野，同时也填补了地方本科高校转型为主题的理论研究空白。本研究提出地方本科高校转型的一些新观点。如地方本科高校的转型发展应建立在服务区域发展的深度和广度上，只有坚持以服务为根本，地方本科高校的转型才能取得实质性的进展；地方本科高校学科专业发展具有极大的灵活性和弹性，应摆脱外延式扩张的传统学科专业发展模式，将“特色”与“服务区域”作为主要衡量指标，走一条以特色优势学科带动学科集群发展的新路子，构建“学科—专业—产业”互动发展的链条。

3．首次系统化地阐述服务区域视域下地方本科高校转型的战略路径

本研究另一创新之处在于对地方本科高校转型准确到位的前瞻性展望。在未来地方本科高校转型体系中，服务区域发展的核心理念定位将成为地方本科高校转型的主轴，通过人才培养模式的转型，构建起以“地方需求”为导向的学科专业结构、推动“产教融合”发展、实现“双师双能”型教师队伍的整体建设、嫁接起“立交桥”结构的现代职业教育体系是转型的战略任务；最终转型的成功推进需要战略上的保障：推进“法制化”的高校治理模式、创建“品牌化”的转型文化以及“应用型”转型评估体系的构建。

4．研究方法的创新

本研究体现着动态研究与静态研究、定性研究与定量研究、宏观研究与微观研究等的结合，对涉及经济发展、政策法规、资源利用、高等教育发展等方面的问题展开综合性研究，而不是单纯地分析高等学校自身，通过定量研究方法研究学科结构与产业结构的相关性，通过实地调研，深度把握当前高校转型的相关状况。研究方法的创新，保证了实现独特的研究目的。

二、本研究存在的不足

以“地方本科高校转型”为主题进行文献搜索，显示现有的研究发掘了地方高校转型的基本逻辑，即高等教育转型的历史逻辑与国家逻辑，历史逻辑意味着高校在转型中的价值追寻、利益结构的调整；国家逻辑意味着国家政策引导下的高校转型与地方高校自行发展目标上的差异。现有的高校转型政策体制难以调和利益与价值诉求，造成高等教育组织系统内的激励机制与监督机制无法落实等困境，这些基本逻辑为在促进地方本科高校转型中起到一定的建设性作用。

从不同学科领域来研究“地方本科高校转型”这一主题，呈现出诸多不同的解答路径，显示出地方本科高校转型的政策复杂性与理论多样性。本研究认为，现有的研究主要关注政府在推动地方本科高校转型中的政策制定，而作为转型关键主体的“地方本科高校”的自身发展逻辑与行为认识不深，现有研究并没能回答国家如何理解地方高校转型对高校自身的价值与意义，政府的转型政策对推动地方本科高校有何影响？当前地方高校转型的实然状态是怎样？这些研究的缺失使现有的研究面临如下困境：

第一，对地方本科高校转型逻辑认识不清与不准使现有的研究难以地方本科高校转型的困难与矛盾，例如高等教育转型实践与校地合作之间的悖论，转型政策提出校地合作在高校转型中的体制激励，但是在实践层面却往往难以落实，更多的校地合作往往流于形式，据此，我们难以在实践中理解国家对高校转型的逻辑与行政导向，更难以反思如何有效地推动地方本科高校的转型与走向。

第二，对地方本科高校转型的逻辑理解不清楚，我们不仅无法解决转型中的实际矛盾，也无法推动高校与地方经济社会的有效融合，无法实现利益共同体的利益诉求。

总之，现有研究存在的核心问题是没有回答“作为一个有自身逻辑和多方利益诉求结构，地方本科高校应遵循何种逻辑来推动自身的转型？国家、社会又应该在高校转型中扮演何种角色？国家如何解决高校转型中的角色、选择何种政策工具并推动政策的执行？”

地方本科高校转型发展受到很多因素的影响，比如经济投入、教育观念、文化环境、区域经济产业发展格局等，因此，本研究很难平衡我国不同地区高校转型的外部因素。地方本科高校的转型发展不仅仅关乎大学本身，外部经济环境也至关重要，要理顺不同地区、不同环境下地方本科高校的发展并不容易。

其次，本研究需要相关数据的支持，比如经济发展、高校发展等相关数据，这些数据多从官方获得，如国家、各省市或县区政府年鉴、公报等，由于受到经济波动的影响，相关数据的统计口径不相一致，增加计量研究的难度和效度。

第二章　地方本科高校转型定位

第一节　地方本科高校面临的时代危机

一、地方本科高校面临的矛盾与冲突

（一）学术性评价与应用技术需要的冲突

目前评价高校的主要指标体系以学术性为主，以传统学术性作为基本依据的思维准则，按照传统学术研究型大学的学术评价模式来考核所有高校。这一评价体系，导致“千校一面”，而且这种同质化现象有更加严重的趋势。

这种对不同类型的高校采用同一评价体系导致我国高等教育受到外部因素影响和制约。从教育的外部环境看，高等教育一直被作为社会政治经济手段，古代强调建国君民，近代倡导经世致用，现代突出政治权利意识，这些为我国高等教育打上了价值深深的烙印。从内部关系来看，受教育者进入大学，不是以发展自身的知识与学术、理性与道德、健康与体魄为目标，而是围绕自身发展与知识获取之外的功利目的为目标，如读书为升官发财、光宗耀祖，这种传统层次上高等教育目标的价值取向成了制约我国

教育发展的关键矛盾。[1]

从地方本科高校教师的发展看，1999 年高等教育扩招后，教育规模快速扩张，而高校教师队伍数量和质量却没有太大的变化，尽管高校普遍确立了“人才强校”理念，实施人才引进与培养并举的战略，但是高校教师队伍结构整体上不够优化，制约着地方本科高校的转型。相关数据表明，以地方新建本科高校为例，师生比例远远低于老牌本科院校，也普遍低于教育部本科办学条件标准 18∶1 的规定。教师队伍结构也不尽合理。受到我国企事业单位人事制度的制约，人员正常流动时身份界限难以打破，导致高校新增教师来源主体较为单一，我国地方本科高校的教师基本上取得高学力高学位后，直接进入高校从事教育教学和科研工作，这种按照学历标准和学术水平选人的制度，严重忽视教师的工作经验和实践技能，导致入选者缺乏实战技能，使得具有丰富工作经验和企业工作能力的人才因为学术背景不合规定而被拒之门外。大多数教师从校门到校门，只有少数教师从企业、行业或其他事业单位转入大学，这种师资结构属于典型的学术型、学科型和知识型人才结构，与学校培养应用型专门人才的发展目标定位严重不符。[2]双师型教师队伍数量和质量无法满足地方本科高校应用型人才培养的需求，直接影响教学水平和质量的提升。

同时，地方本科高校对在职教师的绩效考核中，往往参照学术型高校的做法，过分强调教师的科研实力；在职称评定和晋升中，忽视对教师实践教学水平和专业技能水平的考核而过分强调教师科研能力，部分教师为了获得职称的晋升而不得不将教学工作置于次要位置，将主要精力用于课

---

[1] 冯增俊．中国高等职业技术教育发展模式探析[J]．华东师范大学学报(教育科学版)，2006(4)．

[2] 欧洪湛．新建本科院校教师队伍建设探析，高教论坛，2007(3)．

题申报和论文撰写中，教师也没有时间和精力真正走到企业一线去锻炼、去了解企业的发展动态，双师型教师的发展形同虚设，科研成为教师竞相追逐的目标。

（二）定位错误与未来发展的冲突

我国高等教育历来重视“一流”，政策不断向重点大学、学术研究型高校倾斜，这些一流高校、重点高校获得的经费是一般高校的十多倍甚至数十倍。因此，为了获得向上发展的空间，出现了中专升格为大专、大专升格为本科，本科之后又争取硕士点、博士点的“升级”，不利于高等教育生态的可持续发展。事实上，高等教育是一个整体性的系统，学术研究型大学再强，也不能少了包括地方本科高校、高职高专的发展。我国高等教育要真正崛起，需要有一个正确的科学发展观，要符合现代高等教育发展的内在规律，体现高等教育整体和长远的利益。从地方本科高校的发展看，寻求服务地方经济社会发展的定位就是最好的选择。

2014 年教育蓝皮书显示，地方企业遭遇“用工荒”，招聘不到适用的应用型技术人才；而高校也呈现出“就业难”，学生结构性失业现象严重。而这一现象的本质就是地方本科高校“学科”本位的人才培养模式制约着人才培养的质量。一直以来，地方本科高校重理论、轻实践的人才培养模式严重影响应用创新人才的培养，部分教师盲目模仿学术性老牌本科院校的教学方式方法，以理论教学、学术知识的传授为主，在实际教育教学活动中，尽管地方本科高校在不断地推动学科专业结构往地方性和应用性方向发展，但是在实际教育教学活动中也出现了一些现实问题急需解决，比如课程内容依然是学术结构，教学内容较少涉及对当地企业、行业，教师不能及时更新知识和新成果，教学内容和课程缺乏实践性。有资料显示，新建本科院校理论型知识课程占 80%以上，实践应用型课程不足 20%，有的甚至低于 15%，与国家相关规定有巨大差距。[3]在课程设置上，部分地方本科高校模仿学术型高校的课程结构和体系，课程设置不是以应用技术为中心，而是以学科为中心，学生学到了理论知识，却无法胜任实际工作职位岗位的需求，部分高校无法平衡实践实训课程和理论教学课程，学生实践时间偏少，实习效果差强人意。

地方本科高校转型发展的目的是为地方经济社会发展培养应用技术型人才，因此在学科专业设置、课程体系建设、人才培养模式、产学研合作教育、教师队伍建设等方面，应该有企业的参与和协助。但现实情况是，企业很少参与到地方本科高校转型发展中。虽然各高校建设了大量的校外实习实训基地，但是多数学校并未真正进行严格的生产实践，一些合作仅仅停留在合同文案等合作框架协议上，在各方利益无法充分保障的前提下，产学研合作不够深入，产学研合作教育没有落实。对于地方本科高校来说，虽然产学研合作教育的框架已经搭建，但具体的运行还缺乏实际的抓手，缺乏有力的保障，真正能够做实，出实效的很少。如何把产学研合作教育与应用技术型人才培养结合在一起，仍是地方本科高校一个亟待解决的难题。

（三）管理体制与大学自治的冲突

与西方中世纪以来崇尚的学术自由、大学自治和教授治校的管理制度不同，我国古代学在官府、以吏为师，推行政教合一，大学受皇权管制，沦落为官僚体系的附庸，这种状况延续了几千年。直到民国初期，国家内忧外患，政府无暇顾及和管理大学，客观上为大学的发展提供了相对自由宽松的生长空间。蔡元培倡导“思想自由、兼容并包、教授治校”的理念，

---

[3] 刘振天．新建本科院校人才培养面临的主要矛盾及解决之策[J]．学术交流，2012(8)．

为我国高等教育的发展注入了改革的活力。但后来，我国又对高等教育实行了管制，加强了集中统一管理，包括教育宗旨、教育目标、学科和专业设置、招生和就业、办学经费等。大学行政化现象严重，官本位思想严重影响到大学的发展。高校无法获得真正的办学自主权，大学的发展受到影响，导致部分大学缺少竞争动力和发展活力，进而丧失发展潜力。

（四）高等职业教育体系不完善与构建现代职业教育体系的矛盾

我国绝大部分高等职业教育只限于专科层次，学制为2到3年，没有本科以上职业教育。另外，我国当前面临着产业升级的重大经济转型挑战，产业升级必须依赖于技术进步，对高级技术型人才的需要已经成为我国经济社会发展的现实需求。但是职业教育体系的不完善，影响我国现代职业教育体系的构建。

教育部明确指出，职业教育是一种人才培养的类型，积极引导现有部分地方本科高校和独立学院转型发展，构建与职业教育体系相匹配的职业教育学位制度，使职业教育体系中硕士生约占5%、本科生约占20%、高职专科生约占35%、中职生约占40%，构建合理的职业教育体系和层次结构。

引导地方本科高校转型发展，是为了推动地方高等教育更高质量地服务区域发展。服务地方经济社会发展是地方本科高校转型的方向，目标就是为地方培养应用型技术技能型人才，全面提高学校服务区域经济社会发展和创新驱动发展的能力。

以上冲突与矛盾互为掣肘，要推动地方本科高校的转型，必须克服和解决这些矛盾，积极探索多样性、多元化、个性化的应用型发展道路，更好地服务区域社会。

二、地方本科高校发展劣势

（一）社会评价机制单一

社会对地方高校的评价机制相对固化，盲目追捧“985”“211”等一流重点名牌高校，忽视地方高校对社会的价值和作用，在评价上，过于看表面的繁荣，热衷于引进院士、发展硕士和博士的办学资格，最终形成重学轻术、千校一面、社会需求多样化与高校人才培养单一化之间的突出矛盾。

（二）缺乏办学活力

在国家大力推进一流大学建设与示范性高职高专建设的同时，国家已经为地方本科高校制定了相关的分类指导规定，但是缺乏具体的实施细则，地方高校沿用过去学术研究型高校的办学模式，抑制了其自身的转型发展的活力。

（三）经费不足

我国地方高校教育经费主要来源于教育事业费拨款和事业收入。长期以来，我国各级各类高校办学经费不足和资源短缺问题一直没有得到有效的解决，对于地方本科高校而言这一问题更为突出。由于不同地方的财政收入的悬殊，地方政府对高校的投入远远落后于国家的相关规定。2014 年我国 31 省区市教育经费总收入为 5 792.71 亿元，其中西部地区的青海总经费最少，为 15.34 亿元，位于第一位的东部地区广东省地方高校教育经费收入达到441.28亿元。[4]因此，需要优化我国地方高校教育经费来源的总量和结构，缩小地方本科高校办学条件先天不足的劣势。

（四）办学质量不高

2000年之后，全国先后有十余所院校因办学条件达不到基本要求被教育部黄牌警告并限制招生，还有一些学校出现了零投档，因办学质量水平不足而呈现出了生源危机。[5]当前，我国地方本科高校基本都明确了服务地方经济社会发展的服务定位，但是由于服务能力和办学质量不高，加之地方企事业单位习惯于将重大项目交由重点高校来承担，地方高校还不能适应区域经济社会发展的现实需求。

第二节　地方本科高校的历史转型

一、高校转型的相关政策回顾

（一）国家层面的相关政策

从2010年起，我国颁布了系列高校转型的相关政策文件，地方本科高

---

4 陈群．我国地方高校教育经费来源比较及优化建议——基于区域差异角度[J]．中国经贸导刊，2016(8)．

5 贺金玉．地方新建本科院校在建设高教强国进程中的历史使命[J]．国家行政学院学报，2012(9)．

校在政策的宏观指导下积极探索和实践。

2010 年，国务院《国家中长期教育改革和发展规划纲要(2010－2020) 》和《国家中长期人才发展规划纲要(2010－2020) 》两个重要文件中提出，要大力发展职业教育，重点培养一线高层次创新人才、注重培养各领域急缺专业人才，打通从中职、高专、本科到硕博士的沟通渠道，引导一批普通本科院校向应用技术型高校，创新职业教育发展模式，加快职业教育体系现代化。[6]

2014 年 3 月，教育部原副部长鲁昕在中国发展高层论坛中标表示，要调整高等教育结构，推动学术型和技术型人才的高考选拔模式，推动全国 600 余所自 1999 年扩招以来升级或合并为本科层次的高校转型为应用技术型高校。

2014 年 6 月，国务院在《关于加快发展现代职业教育的决定》中指出，“引导普通本科高校转型，建立高等学校分类体系”，把培养数以亿计的高素质、技术技能型人才作为总体要求。[7]

2015 年 10 月，教育部联合国家发展改革委员会、财务部共同发布《关于引导部分地方普通本科向应用型转型的指导意见》指出，各地各校要增强服务地方经济社会发展的能力，重视转型工作，将转型发展列为各级政府工作的重点内容；坚持顶层设计、需求导向服务、试点先行引领和省级统筹推进，为加快融入地方经济发展，促进地方高校与中职、高职专科有效衔接。

---

[6] 李克强主持召开国务院常务会议[N]．人民日报，2014-2-27(2) ．

[7] 宗河．到 2020 年形成现代职教体系[N]．中国教育报，2014-6-23(1) ．

（二）地方政府的政策支持

除了国家政策层面在不断推进高校转型外，地方政府也做出了积极响应。安徽省委、省政府在《关于建设高等教育强省的若干意见》中提出，要初步建设成支撑经济发展、引领社会进步，具有安徽本土特色，以应用型为导向的现代高等教育体系。山东省政府为转型发展提供 1 亿元的转型经费等。地方新建本科高校也通过自身的努力做出改变：钦州学院是广西北部湾沿海唯一的普通本科院校，依靠其地理位置的先天优势，重点建设航海、轮机等特色学科专业，积极服务北部湾经济区发展，得到政府资金支持，经政府批准在钦州学院的基础上筹建北部湾大学；许昌学院围绕许昌市主导产业、特色产业和战略性新兴产，打造专业集群，一年内与企业创建了 9 个协同创新中心；东莞理工学院与中兴通信联合成立了中兴通信学院，共同培养学生，以通信服务作为培养目标，充分考虑市场需求。

2013 年 6 月，教育部发展规划司在天津职业技术师范大学召开了应用技术大学(学院) 联盟成立大会，成员都是以应用技术大学类型为办学定位的地方本科院校，应用技术大学在我国高等教育语境中广泛出现。

2014 年 4 月，由应用技术大学(学院) 联盟和中国教育国际交流协会主办的产教融合发展战略国际论坛在驻马店市举行，178 所与会高校共同发布了《驻马店共识》，推进地方新建本科高校转型发展，建设中国特色应用技术大学，并且成功举办产教融合发展战略国际论坛(International Forum for Industry & Education，IFIE)。教育部部长袁贵仁在刚刚闭幕的两会答记者问时介绍，目前我国已经有 200 多所高校正在积极稳妥地进行试点工作。

当然，应用型高校尚属新事物，很多地方政府和高校都在探索转型发展道路，其中既有不少转型发展的基本经验，同时也会存在一些问题。

二、地方本科高校转型的本质特征

转型发展意味着地方本科高校要将人才培养、科学研究、社会服务等三大职能与社会相结合，从而让地方本科高校的办学真正转到服务地方经济发展上来，转到产教融合、校企合作上来，转到培养应用型技术技能型、人才上来，转到增强学生就业、创业能力上来，这不仅是地方本科高校三大职能的重构，更是对其内涵的升华和全新阐释。

（一）以应用技术型人才作为高校转型的根本

地方本科高校转型发展意味着从象牙塔学术型人才培养走向应用型人才培养，根据社会需求，在专业设置、课程体系、教学内容、教学方法等方面进行整体改革。在专业设置上，应适应地方经济社会发展尤其是产业发展需要，适时改造专业、调整专业方向，优化专业结构，适量兴办新兴产业相关专业、学科交叉专业及社会急需的专业，重点扶持特色专业，提升专业质量；地方高校要根据区域经济社会发展实际情况，集中力量办好一批与地方经济结构相匹配的应用技术型重点学科和特色专业，使专业建设与区域产业链紧密对接，促进学科专业交叉融合，主动面向地方经济发展。在科研导向上，要从“基础研究”向“应用研究”转变。过去地方本科高校盲目跟风高水平大学，过于重视基础理论研究，与地方发展实际需求脱节，科研的评价以科研论文发表与科研课题的“档次”为衡量标准，很少关注实际问题的解决，与地方相融性不够。实际上，地方本科高校要把“将科技成果及时转化为教学内容、转化为现实生产力，提升服务地方经济社会发展和产业转型升级的能力”作为科学研究和科技创新的主旨，这就意味着地方本科高校不能闭门开展科学研究，而应注重应用研究，突出学研用结合，突出与地方政府、行业企业合作，面向社会需求和行业企业开展科技服务，加强科研成果转化，加强应用技术的研究与推广，直接为当地经济发展服务。

从西方发展历程来看，高校一直在根据时代的要求和自身的发展需要来调适自己，并经历了多次自我转型。早期的高等教育多与智慧、德性为伍，与具体应用关联不强，远离具体生活实践，主要满足那些有闲阶层对世界与自身、物质与精神闲逸好奇的需要。英国人文主义学者纽曼认为，大学是传授普遍知识的场所，大学教育的结果是理智和教养均获得全面而完整发展的人。19 世纪德国柏林大学提出“教学与科研统一”模式，将研究和探索纳入教育教学过程，培养具有独立思考、见解和批判精神的人才。那时，大学成为探究高深学问的地方，“象牙塔”特征十分明显。

科学技术与产业革命的发展，逐步打破了高等教育那种远离现世生活的宁静、安逸和高贵，科技开始得到广泛应用，尤其是现代生产与科学技术高度结合，衍生出许多新的具有高深知识与技术的部门、行业和工种，从事这些领域工作的人员如不经过一定专门知识和技术训练就无法胜任工作，于是，高等教育日益成为生产发展和科技进步的动力。面对时代的发展变化，高等教育开始向适应经济社会现实需要转型。20 世纪初，美国大学提出“威斯康星思想”，社会服务成为大学的重要职能。博克认为，“现代大学已经不再是传统的修道院式的封闭机构，而是变成沟通生活各界、身兼多种功能的超级复合社会组织”。[8]在欧洲大陆，德国、芬兰、瑞士、瑞典、挪威等国家的高等教育体系除有精英化的学术型、学科型大学，也广泛设置应用技术大学或技术学院，以培养某一方面应用型专门人才应用技术大学特别突出对经济社会和产业技术发展的针对性和适应性，注重应用

---

[8] 赵一凡．美国文化批评集[M]．北京：生活・读书・新知三联书店，1994．

技术研究与推广实行产教融合、产学研用一体的人才培养模式，不少大学具有应用技术类硕士和博士专业学位授予权。

在新的历史时期，知识经济对高等教育及其质量提出了更高要求。为了建设创新型国家，实现人力资源强国、文化强国、高等教育强国等国家战略目标，迫切需要培养大批专门性、高质量、高素质的创新人术在此新形势新任务面前，高等教育需要大改革、大调整，转型发展成为中国高校面临的现实选择，对于地方本科高校而言，意义尤其重大，任务尤为紧迫。

据《地方本科高校转型发展研究报告(2013 年) 》可知，我国地方本科高校突出存在办学定位趋同、学科专业无特色等七大问题，如果这些问题能得到有效的解决，将从根本上化解大学生就业难的问题，而且能够释放高等教育和人才市场巨大的人力资源红利，提升整体国民素质，全面促进我国经济和社会持续健康发展。应用技术人才培养是地方高校转型的属性和特质，也是这类大学的生命力所在。国家之所以要推动部分地方本科高校向应用技术型大学转型，其中一个重要的原因就是要解决长期以来我国高等教育与实际相脱节问题。就人才培养角度讲，我国所有普通高校都侧重于学术性人才培养，但大量学术性人才不仅学术能力和研究能力不足，而且其实用操作能力和解决实际问题的能力也严重偏低，因此就造成这种尴尬局面：一方面国家花费大量资源培养大量大学毕业生，另一方面许多社会用人单位却难以寻找到合适的人才。因此，地方本科高校转型必须符合实用性逻辑，从实用角度培养人才和从事研究，使培养的人才能够切合本地区文化和经济社会的实际需要，而从事的科学研究也应该侧重于应用性研究，以帮助区域发展解决现实问题。

(二) 服务区域发展的功能定位

现代大学生存与发展的逻辑起点和最终归宿都是其服务性，无论是研究型大学，还是以应用性和实用性为旨归的大学，其服务国家与区域社会实力和水平都是衡量大学存在必要性及其办学水平的重要指标，离开了服务性，大学就没有存在的必要。因此，国家推动地方本科高校向应用技术型高校转型，其基本逻辑就是提高其大学服务社会的能力，即地方高校的办学必须遵从服务性逻辑。党的教育方针明确提出要坚持教育为社会主义现代化建设服务，为人民服务，与生产劳动和社会实践相结合，培养德智体美全面发展的社会主义建设者和接班人。在市场经济的新体制下，高等教育尤其地方高校的发展发生了一系列根本性的变革。如果把学生、政府、企业、社会作为客户的话，高等教育的血脉支撑来源于如何为客户提供优质教育服务的问题。高校办学脱离服务对象的需求，封闭办教育，其结果就是边缘化、被淘汰。从高等教育自身发展看，现代“大学”的使命已经发生了根本性的变化，主动适应社会需求，与经济社会紧密结合，引领、支撑、服务经济社会的发展，正在成为现代大学的历史使命。

在西方，市场逻辑对教育的介入，是以“市场力量”推动学校改革作为基点，促进教育市场的生成从而促进教育市场的逻辑运作。20 世纪 60 年代，人力资本学家舒尔茨从教育投资的角度为教育促进经济的发展进行了理论论证，教育投资的生产回报行为与教育消费的主体选择行为，推动教育在竞争中寻求效率的最大化。目前我国的地方本科高校转型能否成功的一个重要因素是能否遵行市场逻辑，即推动地方本科高校面向市场依法办学，从而提高生存、竞争和发展的能力，并接受市场的检验和监督。高校实施社会服务是高等教育的属性要求，是高校作为一个社会组织在市场条件下的存在和行为方式，是必然的，市场化或商品化的高等教育属性构成了地方本科高校转型发展的重要驱力。

大学功能并非一成不变，随着社会发展，其外部环境发生了变化，作为置身于社会之中的大学，其功能也必然发生适应时代发展需要的调整。

大学功能定位的指针不是经验，而是历史的逻辑。大学功能演变的过程突出体现了其内在的关联性，人才培养是大学的本体功能，其变化直接表现为大学系科或专业、课程的不断丰富和变化。现代专业和科学不断进入大学之后，大学进行科学研究的功能因此得以产生和确立。洪堡提出“研究与教学相统一”的办学原则，其本身就蕴含着人才培养与科学研究的统一性和相关性，而大学社会服务功能的产生就是前两种功能的延伸。在社会服务萌芽之时，大学被要求培养当时社会所需要的各种新型的专业人才和发展社会所需要的知识服务于社会，在这些变化之后，大学才具备能直接为社会服务的条件，当社会迫切需要大学直接为社会服务的时候，大学社会服务功能应运而生。

需求决定定位。市场经济规律一次次证明，只有符合市场需求的事物才能发展，地方高校发展的根本出路还在于面向社会，以市场为导向，以就业为标尺；服务地方，以贡献求生存，以特色求发展。因此，地方高校的功能定位要重视市场定位和服务区域的定位。地方高校承担着为地方培养人才、科技创新、社会服务的职能。大多数地方高校的主要办学目标是为地方或区域经济建设与社会发展需要培养大批下得去、留得住、用得上的高级应用型人才；为地方或区域经济建设与社会发展推广高新实用技术，提升企业的科技含量，提高产品的市场占有率服务；成为地方或区域各类专业技术人才继续教育、终身教育的培训基地与再教育基地。特别是要根据区域经济、产业和技术结构的特征以及特殊的文化资源来筹划学科建设，确定专业设置与从事课程开发。要促进学校教育与经济、科技、社会和文化紧密结合，加强与地方企事业单位的联系，培养“适销对路”的有实践能力的人才，具备就业和人才市场优势，以服务求支持，以贡献求发展。这是地方高校统筹各种办学资源，发挥实际作用的社会实践基础。无论是学校的目标定位、学科布局、专业设置，还是人才培养方案、教师队伍建设及相应的管理制度，都应该围绕地方建设和社会需求来确定，都应该符合中国国情和学校校情，既不能跟风，一哄而上，也不能故步自封、妄自尊大，应实事求是，切合实际，实现学校发展目标。

社会对人才的需求是多类型、多层次的，高校办学也应是多类型、多层次的。同一层次的学校，有不同类型；同一类型的学校，有不同的层次，都有一个定位的问题。大多数地方高校作为国家大学系统的基础部分，要明确以服务区域为主要办学目标，以培养生产或社会活动一线的实用型人才为重点任务，科学研究必须立足于地方的特殊资源与特殊需求，或者围绕人才培养目标的实现而展开，要有先进的办学理念，既符合社会发展的需要，又符合教育的规律；地方高校生存发展的动力不只在于规模和层次，本质上在于差异，更在于特色。

作为地方高校，首先要牢固树立服务地方经济社会发展的思想，充分发挥自身优势，积极参与区域经济建设。坚持走服务地方、服务社会之路，建立广泛而有效的校地合作、校企合作机制，多渠道、多层次、多方面地融入区域经济社会发展之中。学校可创办高水平的科技园、研究院，为企业提供实验室条件、科研设备、科技人才等技术支持，企业为学校提供实习基地等。

就当代中国而言，社会处于深度转型时期，其非常突出的一个特征是国家发展层面上的智力支持与地方区域发展层面上的智力支持来自不同的供应商。就国家层面而言，主要来自国际性人才流动市场以及国内一流大学；对于地方而言，智力支持绝大部分来自地方高校。因此，地方高校必须结合地方发展和地区战略性规划科学调整自身功能，尤其是在当代中国的发展格局中，推动地方高校转型，把最优势的力量集中在服务区域的功能定位上，实现自身的生存和发展。

英国伯明翰大学首任校长约瑟夫·张伯伦曾说过，“为了学者自己的学问不过是一种优雅的自私，为了州和人民的利益而做学问才是优雅的爱国主义。”“威斯康星理念”强调美国实用主义理念，其核心在于“为州服务”。[9]这些闪耀着人类智慧光芒的成果对今日我国地方本科高校的转型，有着很强的现实指导意义。地方本科高校向应用技术型高校转型，首先要推动教育观念和办学理念的转型，以育人为根本，遵循教育教学规律和人才成长规律，主动契合经济社会发展对高素质应用型人才的需求，致力于培养适应区域经济社会发展需求应用技术型人才。

（三）推动理念转型

地方本科高校要往应用技术型高校转型，首先需要实现理念的转型。

第一，转变教学理念，推动教学方式方法的变革，提升教学与实践的融合，高校发展与地方发展的融合，提高学生应用技术能力。

第二，转变育人理念。人力资本理论强调，人是社会发展的核心要素要，要提升人在社会发展中的价值，需要创新育人模式，推动产学研协同发展，培养社会适需人才。

第三，转变发展理念，主动学习和借鉴应用型大学丰富的办学经验，推动学科专业建设与地方经济产业的对接，实施特色办学。

以黄淮学院为例，牢固树立“立足驻马店、服务中原经济区”的理念，为地方行业、产业提供应用性科学研究和应用技术人才，探索出了一条往应用技术大学转型的道路。

大学理念是一所大学的精神和灵魂，地方院校转型和发展不是由学校的传统决定，也非领导的个人或教授的意志决定，而是由社会对学校的需

---

9 杨四海，程倩．服务地方：地方本科高校的理性回归[J]．国家教育行政学院学报，2012(12)．

求程度来决定。[10]地方本科高校转型发展的生命力在于与地方社会发展紧密结合起来，只有不断地回应社会需求，才能凝练出地方性发展特色，才能履行大学的职能、兑现大学对社会的承诺，这是地方本科高校发展的理性选择，也是其区别于研究型大学的特色发展道路。地方院校转型是对旧有模式的颠覆，也许地方本科高校的转型发展会带来短暂的阵痛期，但从学校未来的发展看，以服务地方发展为理念是转型的根本出路乃至唯一的出路。在高等教育大众化背景下和经济发展新形势下，回应地方经济社会发展需求，本身就是教育内涵式发展的推广和延伸。

共生理论强调，高校要获得生存和发展必须与所处环境发展互动共进，地方本科高校处于一定区域社会中，不同的地域有不同的环境特征，地方本科高校要以服务地方发展为主旨提高自身的办学效率，才能在激烈的市场竞争中获胜。潘懋元提出，当前我国高校急需解决的就是准确定位问题，要准确定位首先要合理分类。[11]一直以来，我国高校分类主要依据美国卡内基教育促进基金会的分类方法，将高校分为研究型大学、研究教学型大学、教学研究型大学和教学型大学等几类，这种分类方法有一定的合理性，但这种只以学位高低和科研规模大小来划分和评价高校层次高低的方法，导致高校将研究型大学作为学校发展的最终目标，造成“千校一面”“千人一面”定位趋同现象。2016 年聂永成和董泽芳调查了我对 91 所地方本科高校转型现状，得出了关于转型定位的相关结论，比如表面上选择“应用型高校”的总体性办学定位，但这只是一种遵从“合法性机制”下的象征性定位，事实上与学术型大学办学定位趋同，存在发展目标虚高、办学层次攀升、办学规模趋大、专业设置求全

---

[10] 王北生，徐明成．地方本科高校转型发展的策略分析[J]．郑州师范教育，2015(5)．

[11] 潘懋元．中国高等教育的定位、特色与质量[J]．中国大学教学，2005(12)．

等一系列突出问题。[12]

高校转型不是朝着同质化方向走，而是在清楚自身发展定位的基础上，以特色化发展引领学校的转型。以河南郑州师范学院为例，该校位于河南省会郑州，转型前后从未丢掉“师范教育”的优良传统，将教师教育看成学校发展的根基和命脉，在转型过程中，确立了立足郑州的发展定位，致力于建设省内一流、特色鲜明的地方应用型高水平本科院校。科学合理的定位能最大限度发挥高校的办学职能，这是高校转型的基础性问题，高校的发展定位包括办学类型定位、人才培养定位、服务面向定位等方面。无论是新建本科院校、独立院校还是有意愿转型的地方老牌本科院校，都应该准确把握学校发展的历史以及所处区域社会发展的状况，在认清自己使命的基础上树立服务区域发展的理念，在不断与区域经济社会互动交融中凝练自身的办学特色，研究学校的外部需求、区域发展特色、高校特色、学校发展类型等跟转型定位相关的问题。地方本科高校在选择和确定转型定位时，首先应该客观分析学校自身的办学历史、办学基础、优劣势和地方经济社会环境的客观要求，立足地方和行业产业，坚持“有所为有所不为”的原则，主动适应地方经济社会发展需求，凸显地方特色和行业特色，选择学校的办学类型、办学层次、人才培养模式和服务面向等定位。

（四）追求“应用技术”的价值取向

审视地方本科高校发展的内部规律，必须厘清大学发展的内在本质。大学从它产生之日起，就是一个以人才培养为核心的专门机构，从古老的

[12] 聂永成，董泽芳．新建本科院校办学定位趋同的理性分析——基于对 91 所新建本科院校转型现状的实证调查[J]．湖北社会科学，2016(12)．

意大利博洛尼亚大学在几个世纪中致力于培养律师、医生和公共政务官员就可见一斑，不管大学职能如何演进，培养应用型人才这一职能却是最核心和本质的职能。

培养应用技术型人才是地方高校转型的核心要义，地方本科高校要注重以社会需要为导向，促进学生理论知识和应用实践技能的提高，为毕业后能更好地适应社会职业与岗位的需求做准备。以上海工程技术大学为例，学校提出将学科链、专业链对接产业链，优先服务上海制造业、服务业，设置了与制造业相关的“机械制造与自动化”“材料加工工程”等学科，并且围绕服务业重点建设了“社会保障”“物流管理”等应用性学科，毕业生在大学学习期间，除了学习理论知识外，更注重实践操作技能的锻炼，因此广受地方经济产业需求。地方本科高校应主动满足地方社会的需求来培养人才，为当地的经济社会发展服务。如台州的塑料模具产业是当地的一大特色，台州学院根据这一特色重点推进材料物理专业的发展，为当地塑料模具相关的企业培养了大量实用技术人才，这一专业也成了国家级特色专业和省级优势专业。

知识经济建立在知识和信息的生产、分配和使用之上。在知识经济时代，知识成为区域经济乃至国家经济发展的关键性因素，而与知识密切相关的高等教育，则承担着知识的生产和再生产的重任。地方本科高校要立足地方，以区域经济产业发展的现实科研需求为导向，全面凸出应用性和特色化，如果照搬研究型高校、地方“老牌”本科高校的科研发展模式，盲目攀比高端科研成果，科技创新服务地方经济发展将成为空话和套话。

以河南省黄淮学院为例，学院把科研落地、科研服务社会视为提升学校转型发展水平的立足点和生长点，以驻马店市主导产业发展为导向，提供产业技术研发、技术转移服务，立项建设了 27 个省、市、校级工程技术研究中心和研究院所，建筑工程学院在这一方面形成了自己的研究特色，创出了品牌，依托驻马店市生态建筑与结构工程技术研究中心，与地方中小企业、失事业单位开展科技合作，获得80多万元横向经费支持，相关成果还获省科技进步二等奖1项，市科技进步一等奖3项。学院还成立了独立经营的建筑设计有限公司，承担校外建筑规划设计项目16项，设计总建筑面积120万平方米，取得了良好的社会效应，提高了科研发展水平的同时，为学校服务区域经济社会找到了对接点。目前，黄淮学院全面推动应用科研的改革，努力建设地方所需的应用型高校科研体系，为成为国内知名的应用技术大学而努力。

从中世纪大学到现代大学，始终与社会系统共存，布鲁贝克曾说："每一个较大规模的现代社会，无论它的政治、经济或宗教制度是什么类型的，都需要建立一个机构来传递深奥的知识，分析、批判现存的知识，并探索新的学问领域。"[13] 可见，外部社会系统的需要成为大学产生的外部规律，大学应随着社会发展结构和经济结构的变化而变化，成为社会其他子系统交互作用频繁的"服务站"。[14]大学从产生之日就与外部社会发生互动，从培养"神职官员"的中世纪大学，到德国洪堡崇尚的"科研"职能的演变，再到美国威斯康星大学以"服务社会"职能的推进，大学不断在服务社会、引领社会中获得更大的发展。高等教育是一个充满竞争的场域，在处处充满竞争的时代，任何组织和个人为求生存与发展不可避免地要面对外界的竞争与压力。

贝克尔曾说："无论是推动教育发展，还是促进啤酒生产，我都相信竞争的巨大作用。在高等教育领域，美国世界领先，而这个领域是美国竞争

---

[13][美] 约翰·布鲁贝克著．高等教育哲学[M]．王承绪，等，译．杭州：浙江教育出版社，1998．

[14]高宝立．在改革创新中丰富和彰显大学精神 [EB/OL]．2012-11-29．中国教育科学研究院 ：http：//www.nies.net.cn/pzlm/pl_zt/zt4/201211/t20121129_307253.html.

进行得最为激烈的领域。”[15]近现代大学发展的历史说明，大学与所在区域社会环境结合得越紧密，为社会做出的贡献越大，越能促进大学的发展。南北战争之后，1636 年成立的哈佛大学之所以快速发展，其原因就是准确把脉社会转型的动态，意识到美国社会已经从松散的农村组织向城市化方向转变，因此改革办学理念，将宗教性的学科重心转型到社会转型急需的法学、医学、商学、农学等学科，创建文理学院和研究生院，极大了满足了社会的现实需要。

从上面的分析和探讨可知，地方本科高校转型的本质就是培养应用技术型人才，对接企业产业的应用性科学研究，以服务为导向，全力推进高校的转型发展。

[15]伯顿·克拉克. 高等教育系统——学术组织的跨国研究［M］. 杭州：杭州大学出版社，1994：307.

第三章　个案研究
——广西 A 大学转型实践

高校如何转型是理论界和实践者积极探讨的关键话题，而推动地方本科高校的转型，是提升地方本科高校服务社会能力、促进高校内涵式发展的重要路径。本章的研究是在前述研究的基础上，选取广西乃至全国范围内转型比较成功的 A 大学作为个案学校，在真实的场景中进行深度研究，探明个案大学转型的动机，个案大学转型的现状，个案大学获得的系统支持，个案大学转型的过程，影响大学转型的因素和障碍是，试图把握当前地方高校转型的实然状态。

个案研究是一种基于案例研究的研究方式，它强调对研究对象的真实把握，需要研究者亲自参与观察和访谈来收集研究资料，并对所收集的资料进行分析以求理解和诠释研究现象。面对复杂的外部环境和不确定的内部环境、现实困境与矛盾冲突无时不在的情况，地方院校只有谋求转型发展，才能在危机中寻求出路，实现自身健康可持续发展。院校转型处于动态发展过程中，面对发展中的现实困境，地方本科高校只有谋求转型发展，才能化解前进中的危机，达到自身发展的最佳状态。然而，地方本科高校在转型发展的进程中，既没有固定的模式可以遵循，也没有现成的经验可资借鉴，转型院校如何实现转型发展的呢？本章通过对地方本科高校转型的探索，把握转型发展的实然状态，并为进一步的研究提供实践支撑。

本次调查于2016年10月至2017年10月间进行，选取广西A大学(位于广西北部湾经济区的腹地钦州市) 进行个案研究，通过实地考察和深度访谈相结合的方式展开调研工作。访谈的对象包括A大学的校长，教务处、发展规划处、产学研合作处、就业办等与高校转型密切相关的领导干部以及相关院系的院长、教师和学生代表，这一对象范围的选择是因为他们参与了学校转型过程的讨论和策划、制定和实施环节，对学校转型发展的基本情况和存在的问题有比较多的了解，对学校未来的转型战略也有自己独到的见解。

通过长期的调研，笔者全面客观地把握了地方本科高校转型的认识、态度，包括学校的转型定位、转型面临的困境以及转型路径等各方面，访谈内容主要是开放式或半开放式的问题，针对不同访谈对象的特点，访谈主要采用面对面深度访谈的方法，主要是进行半结构化访谈，[1]由于访谈对象工作繁忙，也尝试运用电话、电子邮件、QQ和微信等方式进行访谈。在实地调研过程中，笔者参与了该校举办的关于转型发展的座谈会和转型成果展，亲自查阅了该校的相关资料，获取了许多宝贵的一手资料。

---

[1]半结构化访谈(Semi-structured Interviews) 指按照一个粗线条式的访谈提纲而进行的非正式的访谈。该方法对访谈对象的条件、所要询问的问题等只有一个粗略的基本要求，访谈者可以根据访谈时的实际情况灵活地做出必要的调整，至于提问的方式和顺序、访谈对象回答的方式、访谈记录的方式和访谈的时间、地点等没有具体的要求，由访谈者根据情况灵活处理。

第一节　高等教育大众化的发展与 A 大学的建立

一、A 大学的办学历史

“百年师范，十载本科”被誉为 A 大学的办学历史的真实写照，A 大学办学历史可以追溯到 1906 年开设的钦州中学堂小学。师资班，学院前身为 1928 年创办的钦县简易乡村师范学校(后更名为钦州民族师范学校) 和 1973 年创立的钦州地区师范学校(后升格为钦州师范高等专科学校) 。

1977 年国家恢复高考后，由于广西沿海地区没有高等学府，政府和高等教育主管部门决定以钦州地区师范学校为依托，招收首届大专生，为钦州市地方基础教育输送合格的中小学教师。1982 年 9 月开始招收在职中学教师脱产进修专科生。1983 年 4 月，设立钦州地区教师进修学院，1985 年 5 月设立广西师范学院钦州分院，1988 年 6 月，更名为钦州地区教育学院，1991 年 5 月，经国家教委批准，在钦州地区教育学院基础上建立广西钦州师范专科学校，填补了广西沿海地区没有普通高等学校的历史空白。1977 年以来，钦州师范专科学校为广西地市培养了 14 000 多名专科毕业生，培训了 853 名学校领导干部，大部分毕业生成为学校的骨干教师，为本地教育事业的发展做出了突出的贡献。

1999 年 6 月，广西广播电视大学钦州分校与钦州民族师范学校合并办学，随着中小学教育师资的学力层次要求不断提高，中等师范教育已经难以适应社会发展需要，根据自治区高等教育布局需要，为整合教育资源，增强地方高等教育办学实力，2004 年 6 月，经广西壮族自治区人民政府批准，钦州民族师范学校(含广西广播电视大学钦州市分校) 并入钦州师范高等专科学校，组建成新的钦州师范高等专科学校。2005 年 11 月 18 日，全国高校设置评议委员会专家组对学校“专升本”进行实地考察。2006 年 2 月 14 日，国家教育部下文批准钦州师范高等专科学校升格为 A 大学。2011 年 5 月，经广西壮族自治区人民政府致函钦州市人民政府，同意钦州市人民政府在 A 大学基础上筹建北部湾大学。2012 年 11 月，学校顺利通过教育部新建本科院校本科教学合格评估。

二、我国高等教育管理体制的变革与A大学的升本之路

钦州市作为经济欠发达地区，发展进程中仍面临诸多困难和挑战，表现在经济总量偏小，人均 GDP 低于全国、全区平均水平，与全面建成小康社会目标差距甚远，经济结构不够合理，产业结构较单一；港口物流成本较高，大通道效应不明显；教育、医疗、文化、城乡基础设施等领域存在“短板”等。[2]面对地方社会发展的这一困境，只有发展钦州特色的崛起之路，才能实现努力强市富民的目标。

北部湾经济区新的发展形势和任务，对石油、化工、造纸、造船、物流、管理、港口经济、海洋经济、海洋开发、商务、外语、东南亚经济贸易与文化交流等人才的需求将大幅度增加。据统计，该地区急需大批以上各种人才，处于北部湾核心工业区的钦州市人才资源现状与经济发展需求不相适应的矛盾最为突出，与其作为广西北部湾经济区的现代化区域性中心城市的地位极不相称。作为北部湾经济发展区人才储备库，A 大学需要为地方输送具有高度的社会责任感和职业道德素养、较强理论素养和实践

2 钦州市人民政府．钦州市十三五规划纲要．2016 年 2 月．

技能兼备的应用技术型人才，转型发展也势在必行。[3]

从产业结构看，三次产业增加值的结构由 2014 年 22.7：39.6：37.7 调整到 2015 年的 21.7：40.4：37.9，第一产业比重下降 1.0 个百分点，第二产业比重提高 0.8 个百分点，第三产业比重提高 0.2 个百分点。从产业布局看，临港产业快速崛起，县域工业突破壮大，县域规模以上工业总产值达到 886 亿元，5 年增长 5 倍，规上工业企业(规上企业是规模以上企业的简称)达到 290 家；高新产业加快培育，建成自治区级高新区，自治区级科技企业孵化器，高新技术企业工业总产值由 2010 年的 753 万元增长至 2015 年的 62 亿元，5 年增长 800 多倍；服务业迅速壮大，引进一批知名零售巨头，建成一批大型商贸市场；特色农业提质升级，奶水牛、大蚝等养殖规模全国第一，10 个特色农业产品获得国家地理标志产品保护。

“十三五”时期，钦州致力于实现与全国同步建成小康社会的目标，经济结构优化升级不断推进，优化产业布局。发展大型临港工业，打造石化、船舶等一批具有全国或区域性影响的重要产业基地，培育高新技术、战略性新兴产业集群，大力发展现代服务业，到 2020 年，临港工业占全市规模以上工业总产值比重 60%以上，服务业比重提高到 40%。港口经济发展比例不断扩大，到 2020 年，港口吞吐能力 2 亿吨，集装箱吞吐能力达到 800 万标箱；港口吞吐量达到 1.5 亿吨的目标，集装箱吞吐量达到 500 万标箱。国际经济贸易额不断扩大，到 2020 年，进出口总额突破 100 亿美元。同时，还要打造滨海城市品牌，提高新型城镇化水平，实现 20.63 万农村贫困人口全部脱贫，发展成果更加惠及百姓。[4]

高等教育的发展与其区域经济发展密切相关，从钦州市经济发展的特征和趋势看，钦州市人才需求主要集中在海洋产业、物流产业、电子信息、

---

[3] 邓波，银建军．A 大学办学定位研究[J]．A 大学学报，2012(1)．

[4] 钦州市人民政府．钦州市十三五规划纲要．2016 年 2 月．

机械制造等产业领域，对高端应用技术型人才的需求增长迅速。近年来，钦州市推动了“建大港、兴产业、造新城、强科教、惠民生”的战略举措，经济社会发展取得了跨越式发展。首先是经济总量的增加，港口经济发展速度较快，外贸进出口贸易量增加，集装箱吞吐量连年翻番，人均 GDP 跨上 5 000 美元台阶。其次，中石油等重大产业项目全面投产，成功引进建设国投燃煤电厂二期、中船大型海工修造及保障基地等龙头项目，全市亿元以上企业达到 198 家，高铁的贯通确立了钦州的北部湾交通枢纽地位，城市品牌形象不断提升，社会民生持续改善。随着千百亿产业集聚增强，中国—东盟自由贸易区升级版建设进程加快，钦州经济发展面临风险与挑战，钦州作为北部湾经济区的腹地，其资本、技术、人才的集聚效应将带动整个区域的发展。

20 世纪 90 年代末以来，为适应高等教育大众化发展的需求，我国将一批专科院校升格为本科院校，这些院校一般布局于省会之外的地级城市，大都成为所在区域唯一的本科高校。这批高校是推动区域经济和社会发展的重要力量，由于升为本科的办学时间比较短，发展遇到重重困难，国家也出台政策将这批高校列为转型的重点类型，其目的也就是希望这些高校探寻出一条符合自身发展又能提升服务区域发展水平的道路。

本研究选取 A 大学作为我国专升本院校转型的个案，是因为该校已经在转型的道路上进行了扎实的探索，形成了一些有特色、有代表性的做法，值得我们去挖掘，希望对其他同类院校的转型具有一定的借鉴意义。

A 大学位于广西钦州市(见图 3-1)，是北部湾经济区的核心地带。[5]钦州是一个有着 1 400 多年历史的南方滨海古城，位于广西壮族自治区南部，是大西南最便捷的出海通道，被誉为中国北部湾的腹地。

---

[5] 广西北部湾经济区包括钦州、北海、防城港、南宁、崇左、玉林(即 4+2)，是我国首个国际经济合作区域。

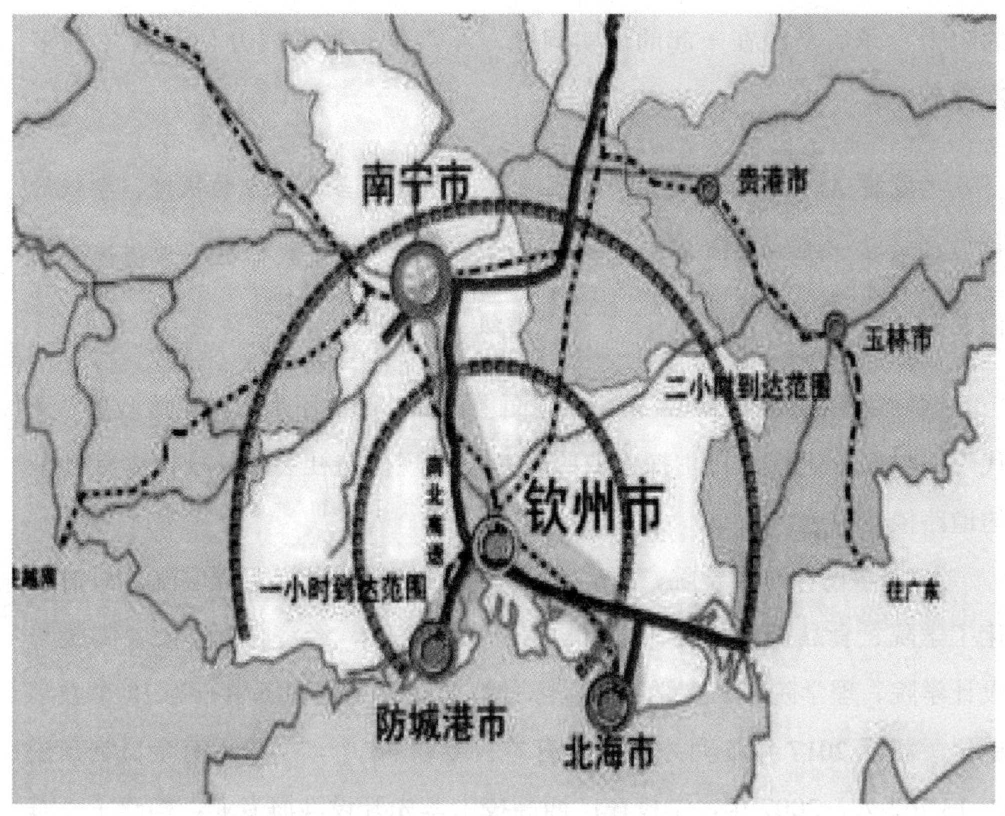

图 3-1　钦州地理位置图

近年来，A 大学成为我国地方本科高校转型的榜样和示范，2013 年，A 大学成为全国应用技术大学(学院) 联盟首批理事高校，2014 年成为广西本科院校整体转型发展试点院校，2016 年成为教育部学校规划建设发展中心“产教融合创新实验项目”基地院校(全国 5 所) 、中美应用技术教育“双百计划”试点院校(全国 12 所) 、国家海洋局与自治区人民政府共建高校。A 大学原有东、西校区共 800 多亩，2011 年广西区政府同意在 A 大学基础上筹建北部湾大学，钦州市委市政府出资建设占地 2 070 亩的滨海校区。2016 年，东、西两校区向滨海校区整体搬迁工作已经顺利完成。

A 大学所取得如此之多的荣誉与成绩，吸引了媒体的报道，将 A 大学置于公共视野中。但是这一成绩的背后，存在着巨大的压力与转型中的阻力、矛盾交织在一起的现实问题，A 大学转型发展办公室 A 主任多次提到：

“当前 A 大学取得这么多的成绩，与政府、当地社会的扶持、学校的努力分不开，尽管我们一直在探索转型的道路，但是我们也非常谨慎，我们也害怕万一搞错了方向，就不好向上级交代啊。”(A 大学访谈——A 主任)

这种复杂的困难心理，从某种层面上可知，转型还是在向上级政府“交代”的导向下进行，自主探索依照教育发展规律与社会发展规律进行转型的道路依然很远。

A 大学设有海洋学院、海运学院、机械与船舶海洋工程学院、石油与化工学院、食品工程学院、电子与信息工程学院、经济管理学院、陶瓷与设计学院、理学院、人文学院、国际教育学院、工程训练中心等 18 个教学单位。截至 2017 年 5 月，A 大学有本科专业 46 个，学校现有全日制在校生 13 762 人，2007 年，学校在广西高校中率先开设涉海专业，构建了“海洋科学与技术”“海洋交通运输与工程”“能源与化工”“经贸与现代管理”“信息”“文化传媒与艺术”等学科专业群，积极服务广西北部湾经济区开放开发，填补了广西拥有 1 600 公里海岸线而无涉海类专业的历史空白。[6]

当研究者走进 A 大学时，就发现 A 大学的转型氛围很浓厚，2016 年 9 月笔者第一次走进 A 大学时，恰逢新生大会，在会上，B 主任提出：

A 大学要主动为广西北部湾经济区培养高级应用型专门人才，打造“地方性、海洋性、国际性”办学特色，不断增强学校的核心竞争力，为把学校建设成为中国南海之滨特色鲜明的应用技术大学。(A 大学访谈——B 主任)

[6] A 大学转型发展实施方案(2014－2019)．

第二节 A大学的转型经验、问题与成因分析

通过整理和分析A大学的相关材料和访谈稿，拟从高等教育大众化背景下A大学的转型动机、转型面临的压力和困境、教师对学校转型的认识与态度、大学内外部管理体制、大学评价机制、产教融合的现状等方面来探讨A大学转型的实然状态。

一、转型动机、面临的压力与困境

2014年教育部做出政策引导与规划，积极推动1999年后新建的600多所地方本科高校向应用技术大学转型，构建现代职业教育体系，这是继1952年我国院系调整、1999年扩招政策出台后我国教育界的重大改革，其目标就是优化高等教育结构，提高我国高等教育质量，实施分类管理。地方本科高校转型是我国高等教育领域重大的改革与创新，将深刻影响我国高等教育的结构、布局、规模、目标和走向。要实现地方本科高校转型，需要综合分析各利益相关者的动机，探讨推动高校转型的合理性与可行性。

（一）转型动力源：经济发展、科学进步

社会经济的发展对人才数量、层次和结构提出了新的需求标准，随着经济发展和科技进步，生产与加工、销售与售后服务等环节更多地看重技术含金量，企业从劳动密集型向知识技术密集型转变，产业转型升级不断推进，这有赖于高层次应用技术型人才的支撑。然而，当前我国

高层次应用技术人才的规模、层次和结构都不能满足经济社会发展对人才的需求，表现在高层次应用技术型人才数量不足，人才结构不尽合理，服务经济社会发展能力不足等方面。比如，在电子信息产业中，技师、高级技师占技术工人比例仅为3.2%，而发达国家一般在20%～40%之间。[7]高校是培养专门人才的主要阵地，必须培养大量既有理论知识水平又有实践创新能力的高层次应用技术型人才。当前，我国专科层次的职业教育已不能满足经济社会发展对人才的现实要求，需要发展更高层次的高等职业教育，引导一批普通本科高校向应用技术型高校转型，培养出更多人才来服务经济转型升级。《国家中长期教育改革与发展规划纲要(2010—2020)》明确指出“适应国家和区域经济社会发展需要，建立动态调整机制，不断优化高等教育结构，重点扩大应用型、复合型、技能型人才培养规模”。

(二) 内在必然：高等教育大众化对多样化的需求

在高等教育大众化进程中，市场经济的发展使社会对劳动者的需求呈现出多元化趋势，不同教育消费者的能力、特长都不尽相同，人民群众也需要多样化的高等教育，多样性已经成为高等教育大众化的一个显著性标志。高等教育系统需要由不同层次、不同类型的高校组成，才能形成一个和谐共进的生态系统。然而，我国高等教育结构不尽合理、本科教育结构单一、同质化现象成通病，大部分普通本科院校都以学术研究型、综合型大学为发展目标，毕业生就业质量不高，服务社会的能力不足，这些已经成为阻碍我国经济社会发展的重要原因，因此，推动地方本科高校转型，探索高校分类体系，实行分类办学和管理，是优化高等教育结构，实现高

7 董洪亮．地方本科高校该转型了[N]．人民日报，2014-05-08(18)．

等教育多样化供给的重要策略。

> 转型作为一所由师范类专科升格为本科的地方高校，我们不能走传统大学的老路，我们底子薄，因此我们找准了一个出击方向，那就是立足行业、面向地方来发展我们 A 大学，才能有出路。2000 年后，北部湾经济区风生水起，企业产业空前繁荣，而这些企业却招不到高层次的技术人才，所以我们感觉机会来了，我们必须为地方经济社会发展培养人才，我认为转型是地方院校发展的必然与趋势。(A 大学访谈—B 主任)

(三) 外部推动力：构建现代职业教育体系

一直以来，我国经济社会发展水平和社会文化认识的局限，以及教育观念和教育管理体制的原因，致使我国现有的职业教育体系的不健全和不完善。[8]目前，我国职业教育体系尚不能适应经济社会对应用技术人才的要求，中职和专科层次职业教育衔接较好，但缺少本科层次的高等职业教育。推动地方高校转型，将构建起从中职、高职、本科到专业学位研究生各个层次的应用技术人才培养体系，打破职业教育“断头路”格局，为应用技术人才提供上升的通道，增强现代职业教育的吸引力。

(四) 现实需求：解决大学生就业难问题

近年来，企业“招工难”与大学生“就业难”这一矛盾始终没有得到有效的解决，地方高校大学生的就业难问题引起社会多方关注，相当一部分高校沦为“就业重灾区”。一方面，社会对高层次应用技术型人才求贤若

---

[8] 魏会廷．河南省城乡职业教育一体化的发展研究[J]．农业经济，2013 (10) ：31-33．

渴，另一方面大批大学毕业生无法找到适需对口的工作，部分原因也被归结为高等教育结构失衡：高校热衷于学院改名为大学、大专院校升格为本科，沿用学术研究型大学的成功经验来改革。教育部副部长鲁昕提出："当前我国高等院校结构中，这种学术型大学比重过大，而应用技术型大学比重过小的现状，正是大学生就业难的根源所在。"[9]

"我们为什么转型？你说是政策引导吗？其实也不全是，在2014年国家做出地方本科高校转型引导前，我们在升本之初就已经在探索了。升本前，我们主要培养中小学教师，升本后，我们大量扩招，如果还继续以培养中小学教师为主，我们就会造成大量学生无法就业。

（五）转型过程中无法满足利益相关者的利益诉求

地方本科高校转型利益相关者主要有中央政府教育主管部门、地方政府(省级和地市级地方政府) 、行业企业、地方本科高校、家庭以及高校内部的学生、教师等。[10]由于各利益相关者的利益诉求不尽相同，各利益主体参与和推进地方本科高校转型中出现利益诉求的差异，成为转型中亟待解决的问题。

1．教育主管部门的利益诉求

教育部积极推动地方本科高校转型，其主要利益诉求包括四点：

第一，优化高校人才培养结构，解决"就业难"与企业高层次应用技

---

[9] 鲁昕出席应用技术大学联盟成立座谈会．现代职教网．http：//www.mve.cn/html–/2013/ld–rw_1105/785.html

[10] 张应强，蒋华林．关于地方本科高校转型发展若干问题的思考[J]．现代大学教育，2014(6) ．

术人才“招工难”的矛盾；

第二，构建现代职业教育体系，创建“中职－高职－本科－专业学位研究生教育”的人才成长“立交桥”；

第三，促进产教融合，提高人才质量；

第四，提升教育服务区域经济社会发展的能力。

2. 地方政府的利益诉求

发展和扶持地方高等教育是地方政府的职责和使命，推动地方高校服务地方经济社会发展是地方政府的利益诉求。

地方本科高校转型对地方政府而言，主要有三大诉求：

第一，推动地方本科高校为地方经济社会发展培养人才；

第二，通过转型试点获得更多资源，提高生均经费基本标准，更多财政专项奖补经费支持；

第三，提高办学层次，改善高等教育结构；

第四，解决大学生就业难问题。

3. 转型高校自身的利益诉求

地方本科高校无论在教学质量还是科研实力上落后于“211高校”“985高校”已经是一个不争的事实，与高职院校相比，在服务企业产业的能力上又落后于高职高专，地方本科高校往往处于高等教育体系“既不顶天又不立地”的状态，利益就是寄希望于实现以下目标：

(1) 提升办学层次，获得硕士乃至博士的学位授权点；

(2) 提高竞争力，摆脱“低人一等”状态，提高生源质量；

(3) 获得更多办学资源，如转型经费支持，校企合作经费的税收优惠、实训基地的创建等；

(4) 扩大办学自主权，如学科专业设置、人事管理、面向市场自主办学；

(5) 解决大学生就业难问题。

4. 企业界的利益诉求

企业是地方本科高校人才流向地，其主要关注高校给自身提供了什么人才以及技术创新，其主要利益诉求包含以下几点：

(1) 提高毕业生的质量，减少企业人力资源使用成本；

(2) 参与高校的发展来提升企业社会影响力；

(3) 需要地方本科高校培训企业员工，开发人力资源；

(4) 与高校合作获得经费支持；

(5) 参与应用技术人才的培训，获得相应的经济利益。

5. 家庭和学生主要利益诉求

从家庭和学生层面来看，主要是获取更多高质量的教育产品，比如学得更扎实，学到的知识能更好地用于未来的工作岗位，更高质量更有尊严地就业和生存。

从上面的分析可知，各利益相关者目标函数并非完全一致，教育主管部门的诉求是解决毕业生就业难问题、建立现代职业教育体系；地方政府寄希望于通过高校转型使企业产业获得更多的人力支撑，优化高等教育结构；地方本科高校转型的主要目的是提升办学层次、获得更大的竞争力；行业企业从经济利益角度出发，主要是为了减少人力成本，获得更多的优惠和支持；家庭和学生主要利益诉求就是享有高质量的教育产品和更高质量的就业。在当前地方本科高校转型发展试点政策的设计上，还未能很好地实现各方利益相关者的目标。

(六) 学校教师在转型中面临的压力

地方本科高校转型与教师的积极支持与配合密切相关，转型对教师的发展产生深远的影响，高校转型过程中出现的困难和压力，需要教师和学校共同来解决。地方本科高校转型的目标是建立应用技术大学，推动高校办学与地方经济社会相对接，专业与产业对接，人才培养目标与行业企业需求对接，人才质量与岗位要求对接，实现校企合作、工学交替，通过应用技术研究服务地方企业行业的发展。但是，要实现这一目标和走向，地方本科高校教师倍感不适应与压力。

1．从“围墙内”到“围墙外”：教师面临重新学习和发展的压力

地方本科高校转型是一项系统工程，需要人才培养目标、质量符合地方行业产业的需求，因此，需要地方高校走出大学的围墙来办学，与企业行业、政府进行合作。当前，地方本科高校在师资引进方面主要有两条途径，第一是聘请企业行业的高级技术人员到校兼职任教；第二是学校教师走进企业行业回炉再造，以弥补应用技术和实践知识匮乏的短板。但是，聘请兼职教师只是暂时解决提升“双师型”教师数量的办法，鼓励教师走出围墙外回炉再造才是最现实和长久的策略。但是，这一办法对教师而言，也是一种压力与挑战，教师走出校园，离开熟悉的校园环境，进入相对陌生的行业企业，需要克服很大的困难才能实现。

2．从理论到实践：教师面临转变教学方式的压力

当前，理论学术型教师占据了地方本科高校师资队伍的绝对比例。统计显示，具备企业行业工作背景和实践教学能力的双师型应用型教师比例偏低，这一师资队伍结构难以满足高校转型中对教育教学模式改革的既定要求，学校为了解决这一问题，必然要求教师重新构建知识体系，掌握新的教学理念和教育教学方式方法。

3．从学术转向应用：教师面临应用研究成果产出的压力

一直以来，高校均有以科研导向评价教师的做法，大部分教师习惯于从事纯粹的理论学术性研究，申报的相关科研项目以高校内部或者高校与高校、高校与科研院所之间确立科研项目为主，最终的研究成果也以发表论文、出版著作的数量等主要形式体现，并未真正结合地方经济产业发展的现实需求来推动科学研究，导致研究与应用相脱节。地方本科高校转型发展后，是要成为地方行业企业的科技服务基地、技术创新中心，必然要求教师以解决社会实际生产生活中的现实问题为主要研究方向，开展应用性科学研究。因此，教师要关注学校所在区域经济社会文化发展的现实和未来，以解决产业转型升级中对技术创新的需求，使研究成果能产生经济效益和社会效益。

二、转型政策

我国高等教育大众化扩招政策执行以来，高等教育开始步入发展的快车道。随着办学规模的扩大，大多数高校已经形成了学校、学院相对稳定的两级管理。然而，在实际执行过程中依然饱受质疑和不满，现有高校管理体制存在的弊端引发人们思考，当前我国高校内部管理体制运行中存在以下问题。

1. 学校管理行政化倾向突出，学术权力较弱

当前，我国高校管理体制设置了与政府机关相似的管理机构与运行机制，在管理中强调行政意志的作用，这种高度集权的管理模式在大众化的推进过程中发挥了积极作用，但却忽视高校基本属性与自身的发展规律，导致学术权力较弱，教职工代表大会和学术委员会在学校治理中形同虚设，教授治学并未真正落到实处。《中华人民共和国高等教育法》规定，高校是党委统一领导的校长全面负责制度，高校可设立学术委员会，审议学科、

专业的设置，评定教学和科研成果等有关学术事项。但是，学术委员会并没有独立开展工作的权力，也没有决策权，高校内部按照行政级别实行层级化管理，上下级之间是指挥与服从的关系，这一管理模式使高校内部管理过度行政化乃至官僚化，抑制了人才培养、科学研究、服务社会职能的拓展。数据显示，我国高校的行政人员占全部人员编制的 30%以上，有些甚至超过 35%。[11]管理人员数量太多，这本身就是对教学、科研资源的挤占，造成人浮于事，机构臃肿的不良局面，导致部分潜心教学与科研工作的教职员工产生抵触心理与情绪。

2. 院系办学自主权有限

二级学院设立后，学校将部分管理活动权限下放到学院，学院开始拥有了部分事权和相应的经费支配权，但是与国外发达国家相比较，我国二级学院获取的自主权还是相当有限，学院只是获得了部分具体事务管理权，权力运行空间十分狭窄和有限，“从招生到分配，从专业设置到学科规划，从人员录用到职称评定、经费分配等所有的事务，重大财权、人权及发展事项决定权仍然集中在校级”。[12]因为管理重心并未真正下移，高校具有明显的行政组织特征而缺乏学术组织的自由与民主管理氛围。高校的资源管理权限掌握在校级机关，而实际上只有院系才真正落实教学、科研等相关活动，这在一定程度上使学院的相关活动受到校级部门的掣肘，在具体教育教学和科学研究事务中，学院又要承担更大的责任，影响了学院办学的积极性与创造性。

---

[11] 李绍环．我国高校内部管理体制运行中存在的问题与对策[J]．教育探索，2012(10)．

[12] 穆子赫．校院两级管理模式满意率过低[J]．教育与职业，2009(6)．

第四章　国外应用型高等教育发展的案例分析

我国地方本科高校转型为应用型高校，是发展本科层次的职业教育的探索，是从传统学术型、理论型大学向应用型、技术型高校转变的举措。从国外的应用技术型高校发展的历史看，应用技术类型的办学定位经过几十年的发展与改革，职业教育体系相对优化和成熟。当前，我国经济转型升级不断推进，社会发展急需大量应用型、服务型、技术技能型高等次人才，因此借鉴国外应用技术型高等教育的经验和做法，对推动我国高等转型具有重要的意义。

第一节　德国应用技术大学发展的经验

一、德国应用技术大学发展的历史演变

第二次世界大战后，作为战败国的德国在经济满目疮痍的情况下，如何快速跃升为经济强国？研究者发现，德国应用技术大学就是德国经济腾

飞的“秘密武器”。战后德国确定市场经济体制，依靠战前建立的职业教育与培训体系发展人力资本，培养了大批高素质的应用技术工人，同时借助马歇尔计划的资金支持，合力点燃了德国经济复苏之火。

德国原有的大学定位于学术型人才的培养，专业设置以基础性学科为主，培养出来的学术型、理论型人才无法满足变革时代的社会需求。随着国家工业化进程的快速推进，社会经济产业转型速度不断加快，企业对劳动者的素质提出了更高的要求，社会急需大量掌握理论知识又具有实践操作能力的应用技术人才，大学转型发展势在必行。

20世纪50年代开始，德国高科技含量的新兴产业逐步淘汰了落后产业，经济发展对应用技术型人才需求大幅度提升。20世纪60年代初，德国接受过高等教育的人数远远落后于当时的美国和日本等新兴资本主义国家。随着德国经济的发展，急需大量促进工业发展的信息技术人才和服务技能人才，同时人民生活质量不断提高，接受高等教育被视为个体和家庭获取较高的社会地位和经济收益的重要途径，民众接受高等教育的呼声不断提高。

在德国洪堡教育理念的影响下，德国高等教育类型单一，以柏林大学为例，从诞生以来，就致力于崇尚纯科学的、无功利性的研究，只重视培养高层次理论型人才。随着经济的发展，高校人才的供应已经不能满足市场对应用技术人才的大量需求，为适应经济发展对人才资源、技术研发的强烈需求，国家开始着手扩大高等教育规模和完善高等教育体系，教育改革则从高校类型的划分开始。应经济发展需求，德国开始考虑建立不同类型的高等教育体系，来满足社会对不同类型人才的需求。

20世纪60年代初期，德国政府开始尝试在研究型大学中设置应用技术型专业，但研究型大学注重理论研究这一传统理念阻碍了应用型专业的发展，尝试以失败告终，政府开始尝试举办由应用型与科研型高校组合成综合类高校，最终依然没有走出理论研究的老路，应用技术型高校的发展不断受阻。德国政府在充分考虑研究型大学与职业类学校办学水平、人才培养特色等差异基础上，决定在两者之间增加新的高校类型，建立应用技术大学，以满足社会经济发展对高层次应用技术型人才的需要。[1] 1968 年 10 月 31 日，德国各州州长签订《联邦德国各州统一专科学校的规定》，将经济管理、社会管理、设计和农业教育等方面的原工程师学校、学院及工业设计高级应用科技学校、社会服务应用科技学校、经济高级应用科技学校经过升格而建成应用技术大学，标志着应用技术大学在德国诞生。

19 世纪开始，德国开始创办工程师学校、高级技术学院、机械学院等机构来培养专业技术人员，受到社会的广泛欢迎。到 20 世纪 60 年代末，产业界对于提升工程技术人员培养层次的呼声越来越高，培养工程师的机构被纳入高等教育范畴，原有的工程技术类学校也就升级为今日之应用技术大学。

二、发展经验

经过几十年的发展，德国应用技术大学已经作为德国重要的高等教育类型，并形成了一套完整的实施体系，主要经验有以下几方面。

（一）重视人才培养与地方经济的有效结合

德国应用技术大学学制为 4 年，创立初期学校规模较小，类型比较单一，专业设置工程、经济以及社会科学三大传统领域为主，每所学校往往只有 1 到 2 个专业，但是具有较强的职业性和市场导向性，以为地方经济

[1] 薛晓萍，刘玉菡，刘兴国．德国应用科技大学发展历程及其启示[J]．河北科技大学学报(社会科学版)，2015(9)．

发展服务为办学目标，在发展中与社会融合越来越紧密。《联邦德国各州统一专科学校的规定》明确提出，应用技术大学旨在对学生进行应用型较强的职业训练，培养学生实践动手能力，为将来毕业后从事制造、维修、施工、运行、管理岗位工作的中高级专门人才。[2]德国《高等教育总法》明确了应用技术大学与综合大学等值的地位，以为社会职业而实施科学教育为办学定位。

德国应用技术大学隶属于各个联邦州，主要由各州政府管理和资助。应用技术大学的专业设置和人才培养也与地方经济密切结合。例如，在汽车制造业重镇，奔驰公司总部所在地斯图加特和大众集团所在地沃尔斯堡。应用技术大学以工程制造、汽车专业、电子应用技术等专业为特色，学生在学习过程中直接到汽车企业进行见习和参与实践活动，人才培养的针对性十分明确。另外，不莱梅应用技术大学充分利用自身港口的区位优势，大力发展船舶制造、航海技术等与海洋相关的特色专业。这些应用技术大学结合地方经济发展特色，提升了学校科研实力和毕业生就业优势。

除了紧密结合地方经济发展来推动大学发展外，德国应用技术大学的专业设置、人才培养随着地方经济结构的调整和产业转型升级而进行动态的调整。多特蒙德应用技术大学位于德国莱茵河流域的鲁尔区，这个地区一直都以传统工业闻名，依赖天然煤炭资源优势和优越的地理位置，鲁尔区从 19 世纪工业革命到 20 世纪中期均以煤炭、钢铁等资源型产业为区域发展特色。多特蒙德应用技术大改建前是建立于 1890 年的“皇家机械工程师学校”，这所学校一直以来都以发展传统的工程机械专业为特色。但是，20 世纪七八十年代鲁尔区的社会经济产业结构有了明显的调整，最初以煤炭、钢铁等资源消耗性产业为主的粗放型产转向高新技术产业和服务业，

---

[2] Kuh G．The National Survey of Student Engagement：Conceptual and Empirical Foundations[J]．New Directions for Institutional Research．2009，141．

信息产业的快速发展带动多特蒙德地区信息技术产业的快速发展，信息技术企业超过了 11 万家，各类电信公司有 380 多家。为服务区域产业结构转型升级，多特蒙德应用技术大学调整人才培养战略，80 年代以来先后开设了一系列新的专业，目前已经形成了以电子信息、计算机和通信技术为核心的专业群。[3]

应用技术大学与地方经济结合紧密，大学毕业生在本地区的就业比例很高。德国高校信息系统的调查显示，毕业五年之后，应用技术大学工程和信息科学领域的毕业生中有 57%的人在学校所在州就业，综合性大学毕业生中这一比例为 46%。在经济类专业领域，则有 48%的应用技术大学毕业生在本地就业，综合性大学同专业领域毕业生中在本地就业的比例仅为 34% 。[4]同样，巴伐利亚州高校毕业生就业状况的调查也显示应用技术大学毕业生在本地区就业的比例更高。在工商管理和信息技术两个专业领域，应用技术大学毕业生留在巴伐利亚州就业的比例分别高达 73.4%和 94%，同样的专业领域综合性大学毕业生留在本地就业的比例则分别为 62%和 90.2%。[5]可见，应用技术大学与地方经济发展融合在一起，不仅促进了自身的发展，也为地方培养了大量人才。

（二）完善的法规政策

德国应用技术大学的办学自主权得到了国家法律保障，学校数量不断

---

[3] 秦琳．以应用性人才培养促进区域经济发展和国家竞争力提升——德国应用技术大学的经验[J]．大学(学术版) ．2013(9) ．

[4] M．Schramm，C．Kerst．Berufseinmündung und Erwerbstätigkeit in den Ingenieur- und Naturwissenschaften[R]．Hannover：HIS，Projektbericht，2009．

[5] S．Falk，F．Kratz．Wer bleibt，wer geht？ Die regionale Mobilität bayerischer Hochschulabsolventen[R]．München：IHF，IHF Kompakt，2009：3-4．

增加，规模不断扩大，与经济发展同步升级进入快速发展期。如德国现有应用技术大学 247 所，设有本科和硕士学位，部分学校还可与大学联合培养博士研究生，有注册在校生 70.3 万人，约占德国高校在校生总数的 1/3。[6]1968 年应用技术大学成立至 20 世纪 90 年代，经过 20 余年的发展，德国应用技术大学为社会经济发展输送了大量应用技术人才，为促进经济社会发展做出了积极贡献。20 世纪 90 年代末开始，德国经济转型升级带动了产业结构调整和工业化高速高质量发展，应用技术大学在不断革新中成长和壮大。1998 年，德国引入了“本科—硕士”学位体系，确定不同类型高校授予本科、硕士学位的同等地位；1999 年博洛尼亚改革进程启动之后，本科学位和硕士学位在德国高校全面推广，应用技术大学的办学层次逐年提升。

（三）完善的人才培养体系

应用科技大学是德国高等教育体系重要的组成部分，是沟通普通教育系统与职业教育系统的桥梁，是实现德国高等教育体系四通八达立交桥式结构的关键组成部分。为实现为经济产业培养适需人才的目标，通过发展综合性新兴学科专业提高人才培养的融通，比如设置技术医学、工程经济学等学科专业，开展跨学科应用技术研究和跨学科人才培养。1997 年之后，德国应用技术大学制定的“职业教育改革计划”，适时调整人才培养目标，为提高人才与劳动力市场的匹配性起到了政策指导和推动意义。

由此可见，应用技术大学在德国高等教育体系中已经占据重要地位，成为德国经济转型升级的助推器和人才培养的摇篮。德国应用技术大学的成立与发展，离不开国家政策的支持。德国应用技术大学也正因为抓住了

---

[6] 魏保立，徐坚. 德国应用科技大学校企合作的启示[J]. 中国电力教育，2013(17) ：7-30.

经济转型升级这一关键阶段，为国家社会经济发展培养了大批应用技术型高级专门人才，大学不仅获得了自身的发展，也推动了经济的发展。

（四）多元参与的应用技术大学管理体制

德国教育法明确规定德国应用技术大学的管理体制，企业和其他社会各界共同参与管理，在德国应用技术大学的外部管理中组成了由各方代表所组成的监督机构，由校长或校务会负责，在人事、预算、财务方面依法享有自主权。在内部管理中，校议会作为最高代表进行决策，校务会执行，校监会监督，大学管理制度与国家制度相一致，在教育教学管理中才去教授治教得模式，由教授决定教学内容、教学方法，学生也可以选派代表进入校议会参与重大决策。可见，德国应用技术大学已经形成了民主化的管理机制。

（五）深度合作的产学研机制

德国的“双元制”人才培养模式是指人才培养由企业和学校共同合作完成，高校按照企业的用人需求来教学和培训，在传授专业理论知识的同时，将学生送到企业进行实践培训，体现了学校和企业双元育人主体，学校和企业双元培训场所，理论教师和实践教师双元的师资队伍，学生和职员双元的学习与工作身份，理论和实践有机融合推动德国应用技术大学不断获得发展。德国政府制定了相关的政策推动企业与应用技术大学共同培育人才和进行应用性可续研究，形成产学研合作互进机制。一方面，德国政府出台政策促进产学研之间紧密合作，政府积极发动社会各界共同满足应用技术大学的经费需求；另一方面，德国的科技部门还专门拨款，组织高校、企业和科研机构进行合作。政策的推进不仅满足了应用技术大学的经费需求，同时也满足了企业对人才和技术的需求。

德国应用技术大学师资队伍主要由教授、兼职教师和实验室工程师组成。应用技术大学中的教授需要取得博士学位以及不少于 5 年的企业工作经历，这一要求保证教授具有扎实的理论知识储备和较强的实践操作能力。教育法还规定，教授每四年工作时间中，要有半年以上在校外企业从事实际工作和实用研究的经历，从而更新自身的知识储备和加强自己与社会的接触。兼职教师大部分来自企业一线，他们不仅具有高学力，还有工程师、技艺师等资格证书，以保证兼职教师能将企业产业发展的趋势融入教育教学工作中。目前，兼职教师承担了应用技术大学 25% 的课程内容。德国应用技术大学被誉为工程师的摇篮，大量的实验课程需要在实验室完成，实验室工程师负责承担实验课的教师，他们具有相关专业工程师资格一级实验室工作经历，这一严格的“双师型”教师制度，是德国应用技术大学培养出无数工程师服务国家和地方经济社会发展的基本保证。

三、启示

综上所述，德国应用技术大学从诞生之日起就是以德国高校“改革者”的姿态出现，与国家经济转型升级紧密融合，为社会培养了既掌握良好文化基础又有应用技术知识和实践能力的高层次专业技术人员。在半个世纪的发展中，坚持应用性导向、坚持服务地方的导向，根据社会需求的变化来动态地调整大学的发展，拓展了大学的功能，取得了高等教育领域改革的新成就。分散于德国各个州的 200 多所应用技术大学，将人才培养、科学研究和服务社会各个方面融入社会并建立起良性互动的关系，应用技术大学已经成为地方经济发展的重要支撑，同时也提升了毕业生的就业质量，在应用技术人才的培养方面树立了典范，丰富了高等教育的内涵，对保持和提升德国国家竞争力做出了突出重要的贡献。

当前，德国应用技术大学已经逐步形成了一套完备、成熟的应用型办学体系，拥有自身独特的模式与特色，在德国的高等教育体系和职业教育体系中都占据重要地位，对德国的经济发展做出了不可磨灭的贡献。而我国地方本科高校转型为应用技术型高校后，其定位与德国应用技术大学类似，都是本科及以上层次的高等职业教育的一种形式。因此，德国应用技术大学的发展研究对于解决我国地方本科高校转型过程中的一些问题有着积极的借鉴作用。

第二节　印度工程技术教育发展的经验与启示

印度工程技术教育是印度高等教育重要组成内容，主要包括计算机工程、建筑工程、制药工程等方面的专业技术教育。工程技术教育的大发展使印度近年来经济增长率持续保持在 9%左右，成为世界上经济增速较快的国家之一。[7]教育的发展总是与社会系统的诸多因素相关联，这一点可以从印度工程技术教育取得的成就可知，也正是因为印度重视教育，才有近年来保持在 9%的 GDP 增长率及国家综合实力的稳步上升。印度工业占据了一定的全球市场份额，科技工程教育则是点燃印度经济之火把，也使其综合国力得到全面提升，教育可说是一个奇迹推进了民族的复兴和发展。可

---

7 左学金，潘光，王德华．龙象共舞：对中国和印度两个复兴大国的比较研究[M]．上海：上海社会科学院出版社，2007：39.

见，知识和人力资本已经成为决定一个国家发展实力的决定性因素。那么，印度工程技术教育是如何发展才取得今日之成就？本节将重点探讨印度工程技术教育发展的特征和规律。

一、印度工程技术教育发展的背景

印度工程技术教育发端于近代殖民地时期，1947 年印度独立后，联邦政府以工程技术教育作为兴国战略来推动国家的复兴。印度工程技术教育发展历史短暂，但却已拥有卓著的工程技术教育系统。[8]在英属殖民者时期，印度高等教育以培养低级文官为主，大力发展文科类教育。据统计，1900 年，印度的英国文职行政官员总共仅为 4 000 人，而印度文职人员却有 50 万人，导致大量文科生失业。[9]1901－1902 年度统计数据显示，印度的 191 所学院中，农业、工业、医学类三类学校共占全部学院数的 5.8%。[10]殖民政府出于对自身利益的保护，从多方面压制印度民族工业发展，使得教育与经济发展相脱节，国民经济发展严重滞后。之后，英国殖民政府出于统治政权的需要，开始在印度境内兴办工业，但是由于印度底层工人缺乏知识和技术，工作效率非常低，于是，殖民政府开始兴办工程技术学校，1847 年建立了印度第一所工程技术学院，即卢克里工程学院。随着社会经济的发展，社会对工程技术教育的种类与深度要求越来越高，工程技术教育开始提供机械工程教育，到 1935 年开始提供电子工程教育，1939 年提供冶金

---

8 Rao. U. R. AICTE Review Report -Revitalising Technical Education [R]. Delhi，2003.

9 斯塔夫里阿诺斯. 全球通史：1 500 年以后的世界[M]. 上海：上海社会科学院出版社，1992.

10 腾大春. 外国教育通史第四卷[M]. 北京：人民教育出版社，1989.

教育，教育内容呈现出多样化趋势，其教育目的就是服务经济社会的发展。

1947 年印度独立后，政府认识到高等教育对国家经济发展的重要性，着手进行高等教育改革，认为如果继续过去文法教育“一统天下”的局面，国家将依然积贫积弱，必须大力发展工程技术教育，通过培养应用技术人才和进行科学研究来支持国家经济建设，这一时期印度高等教育进入迅速发展时期。20 世纪 90 年代之后，印度大力发展市场经济，经济结构从传统农业向现代化工业、服务业转型，印度着手打造以知识性服务产业为主的创新型国家，这一发展战略必然需要更多懂得应用技术的创新人才，因此，从服务国家战略的层面出发，工程技术教育就将培养专业技术人员，特别是 IT 人才为办学目标，在办学理念、学科专业、层次结构上趋于满足经济发展之所需。

二、印度工程技术教育发展经验

印度工程技术教育经过两百多年发展，在英属殖民地时期萌芽并在独立后获得发展，为印度经济在世界重新崛起做出巨大贡献，研究其发展规律，有利于在借鉴中吸取经验。

（一）以服务经济发展为目标

在 1947 年独立后至今的 70 年时间中，印度实现了经济、科技、教育的迅猛发展，国内生产总值增长远超美国、欧洲和世界平均速度，国家竞争实力大大加强。印度的崛起，科技工程教育功不可没，其计算机制造、软件设计、数学推导与应用、导弹设计开发在世界高新技术领域占有重要的地位。

印度高等教育以培养公民的多元化价值观和沟通能力为目标之一，这对科技工程类专业技术人才的思维有很大的影响，尽管在宏观水平上印度的经济发展水平落后于我国，但其微观经济的活力以及社会生产效率却明显高于我国。[11]印度现代高等教育以培养软件科技人才闻名，为其科技进步建立了人才“蓄水池”。印度在软件行业、航空以及生物制药等行业处于世界领先位置，近年来，信息技术产业取得了惊人成就，教育为经济的跨越式发展提供了人才支撑和智力支持。

印度是世界人口大国，在教育资源有限的情况下，印度发展高等教育，达到了仅次于美国的“世界第二大科技人才队伍”的规模以及获得了“工程技术人才王国”的美称。1984 年，具有“计算机总理”之称的甘地上台后，大力发展以信息技术为主要代表的高新技术产业，实现了国家经济的腾飞，人口资源压力迅速向人力资本优势转化。2014 年，印度在校大学生人数已经超过美国，成为仅次于中国的世界上第二大规模高等教育大国，印度高校注重以产业为导向进行人才培养，在专业设置上突出世界尖端高技术学科，大学生中理工科学生占了 1/3，工程技术类高校的招生规模不断扩大，学位教育从 1947 年的 2 580 人增长到 2006 年的 43.968 9 万人，近半个世纪增长了 175 倍，非学位教育招生人数从 570 万人增长到了 26.541 6 万人，增长了 465 倍。[12]随着经济的发展，印度产业不断从劳动密集型向知识技术密集型过渡，科技水平和创新实力正逐渐成为经济产业发展的主旋律。有印度“硅谷”之称的班加罗尔，每年吸引了近 2 万名新入职的工程技术人员，借助欧美国际市场多年来形成的外包订单加大了对印度 IT 产业

---

[11] 曾华．中国高等教育私营化问题探析[J]．陕西教育学院学报，2012，28．

[12] ALANT T SARACEVIC．A Force for Change Sparks Innovation in India[EB/OL]．http：//www.chron.com/disp/story.mpl/tech/news/4599210.html，2009-12-03．

的用人需求。

印度依靠教育发展人力资本，将庞大的人口负担转为人力资本优势，提升了国家的整体经济实力。

(二) 工程技术教育带动创业教育的发展

随着国际国内环境的变化，经济产业转型速度不断加快，印度高校开始重视创业的价值。

印度创业型大学的创建主要途径有两种：第一，依靠大学科研资源和人力资源创办创业型组织。第二，大学与产业界直接合作创办大学。有“亚洲最好的商学院”之称的印度管理学院(加尔各答)，将创业教育视为学院发展模式，学院 30%的毕业生都是创业者。印度理工学院于 1998 年开设了 Kanwal Rekhi 信息技术学院，将学院与工业界的互动视为学校发展的命脉，培养了大量技术特长与管理水平较高的行业领跑者。如今，软件产业已经成为印度名牌产业，20 世纪末印度软件公司在消除“千年虫”之后获得了 30 亿美元以上的软件业务订单，带动印度经济以年增长率 8%～9%的速度持续增长，产品远销 100 多个欧美地区，这一机遇使印度创业型大学得到蓬勃发展，创业带动就业正慢慢成为印度经济新的增长点。随着全球经济的快速发展，科技创新能力已经成为决定国家繁荣的关键因素。在 2003 年印度政府颁布的《科学技术政策》中，明确提出要成立技术转移机构，促进知识向产业转移；鼓励大学将知识向产业转移，并获取经济回报；鼓励产业界对大学和研究机构进行资金等方面的支持。[13]目前，印度已经有相对完善的产学研发体系，研发创新能力显著加强。

---

[13] The Indian Public Funded IP Bill： Are we ready？[J]．The Indian journal of medical research，2008(6)

印度高校加强与产业界进行合作研发，以印度理工学院为例，该校 1992 年成立了“创新与技术转移基金会”，鼓励企业、科研和金融机构加入基金会，为具有商业潜能的研发项目提供资金和研究服务。目前，该基金会会员中已有印度企业巨头超过 20 个，[14]产学融合朝一体化趋势发展。

当然，印度工程技术教育发展中存在以下一些问题。

(1) 师资队伍缺乏，质量不高。印度高等教育普遍存在师资缺乏、质量不高的情况。印度国家教师培训委员会指出，新教师专业发展目标重在使教师同时具备职业道德素质、专业素质、传授知识的能力，同时须掌握社交及参与社会事务的能力。同时还强调，只有优秀教师才能培养出维护民主制度、崇尚公平与自由价值观的学生。[15]但是现实中政府缺乏相应制度保障，师资缺乏、质量不高问题一直影响工程技术教育的发展。而师资缺乏的原因则在于经费短缺或没有高质量的备选者，导致许多优秀教师以一种勉强、凑合的心态加入教师队伍。[16]印度学者帕瓦先生曾指出，高等教育机构及入学人数的激增，导致印度高校教师严重短缺，这一问题已经成为教育危机和教师危机，这一现象在工程技术教育领域问题更加严重。[17]

(2) 工程技术教育与产业界的衔接相对滞后。工程技术教育的特性决定

---

[14] GUPTA ANIL . Do Patents Matter： IP in Indian R& D Institutions and Universities[R] . Ahmadabad： Indian Institute of Management . IPR Management Development Program，2008．12，34．

[15] Ghanshyam Thakur．Challenges and problems of reforming higher education in India [M]．New Delhi：Sanjay prakashan．2006，82．

[16] Pawan Agarwal．Higher education in India： The need for change [M]． New Delhi：ICRIER，2006．

[17] Kapur．Devcsh．PratapB．Mehta．Indian Higher Education Rerorm：From Half-Baked socialism to Half-Baked Capitalism[J] ．New Delhi：The Bookings-NCAFR India Policy Forum， 2007．27．

其与必须与产业界保持紧密状态，以市场经济发展为导向及时调整学科专业布局，合理安排教学内容以及灵活设置人才培养方案和人才培养模式。由于高校对市场经济发展现状和未来的把握有所滞后，因而出现与产业界衔接滞后的状况，导致教育与社会需求错位，这也成为工程技术教育的危机所在。

(3) 工程技术教育领域人才外流严重。工程技术教育在印度高等教育体系中发展水平较高速度较快，但是该领域的人才外流现象比较普遍和严峻，已严重影响到工程技术教育体系的良好发展，也给国家带来极大的困扰。研究数据显示，印度工程学毕业生一毕业就去美国进行深造的比率在 20 世纪 80 年代和 90 年代为 30%～40%，出国留学学生几乎鲜少再回国就业。[18]

三、启示

1．加强政策引导

政府在产学融合过程中扮演着不同的角色，作为引导者，要通过制定法律法规引导产学合作；作为推动者，通过服务手段，设立产学研究基金和资助产学合作项目带动产学合作的进展；作为组织协调方，通过提供咨询服务，及时推动产学合作的市场化改革。

如今，我国政府已经制定了产学融合的相关政策，对产学合作的战略导向、资源配置、激励措施、风险应对等诸多方面进行政策指导，然而，现有政策缺乏对产学合作深层机理的认识，仅在微观政策层面进行设计，降低了政策的执行效率。同时，政府在产学合作中还存在很多主观臆断的

[18] 刘筱．印度工程技术教育发展研究[D]．重庆：西南大学，2012．

做法，缺乏对客观现实的分析与考量，比如法律法规不健全，政府职能转变不够彻底，“放权”力度有限等。为此，政府要对产学合作进行宏观调控，合理划分行政部门的职责权限，避免出现多头管理的混乱局面，提高产学融合的组织化程度，构建以政府服务为主导、市场发展为导向、大学和企业为合作主体的产学融合发展体系，为产学融合提供制度化保障。

2．推动创业型大学的建设

从传统大学到以商业方式运作的创业型大学，是一种范式的转变。当前，越来越多的印度高校表现出创业取向，创业活动的开展与创业型大学的出现，反映了印度高等教育在变革的社会中力求与产业界共同创新发展的趋势。近年来，印度创业型大学数量不断增加、规模不断扩大，影响力不断增强，对传统的大学教学模式和管理模式带来了巨大的冲击，其兴起与发展是对传统大学的改造以及为适应经济产业转型而做出的战略调整。

我国在推动创业型大学的建设中要将学校的发展置身于当地社会的发展中，通过与区域产业的融合发展，推动科学技术的进步和社会经济的发展。当然，高校也不能完全寄希望于通过与产业界的合作来提升自身的实力，大学必须首先提升自身的实力，集中精力发展优势学科和特色学科，创新学校经营理念，提升学校在区域创新系统中的领头羊地位。

第五章　我国地方本科高校转型的未来

我国地方本科高校转型旨在培养服务区域产业转型升级和社会公共服务发展需要的应用技术人才，解决高校人才培养结构与市场人才需求结构相脱节的矛盾，体现了“应用技术”的价值和“服务区域”的定位目标，彰显出大学的办学特色。高校转型战略主要包括三个要素：转型目标、转型任务、转型保障，三者共同构成战略体系。[1]本章将具体探讨和设计我国地方本科高校转型的战略路径。

第一节　战略目标：推动教育理念的转型

社会的发展就是人的发展，人的发展则是将知识、技术技能、创造能力等方面服务社会发展的能力。地方本科高校向应用技术型大学转型的根源在于区域发展对教育提出了新的要求，这不仅符合社会发展的规律，也

[1] 别敦荣．战略规划与高校的转型发展[J]．现代教育管理，2015(1)．

是高等教育规律使然。[2]要推动地方本科高校的转型，首先要推动教育理念的转型。

一、"服务区域"的转型定位

《国家中长期教育改革和发展规划纲要(2010－2020)》明确指出，高校要牢固树立主动为社会服务的意识。"地方大学服务于所在地人民"的办学理念已成为世界各国大学的共识，大学的定位设计，决定了人才培养的价值取向与特色，决定着院校服务社会的程度及核心竞争力。[3]服务区域是现代大学的基本职责与使命，也是高校生存与发展的基本条件和依据。[4]地方本科高校深根于地方的土壤，应结合区域发展的水平和特点并依托区域发展优势，走与区域发展融合的道路，从而为自身发展赢得更广阔的生存空间。

在美国崛起过程中，州立大学的发展起到了关键性作用，其办学思想引领世界大学的深刻变革，促进了美国社会、经济、科技的发展和国家实力的提升。1904 年，范·海斯出任威斯康星大学校长时指出："州立大学的生命力在于她和州的紧密关系中，州立大学教师应用其学识与专长为州做出贡献，并把知识普及全州人民。教学、科研和服务都是大学的主要职能，更为重要的是作为一所州立大学，它必须充分考虑每一项社会职能的实际价值，大学的教学、科研、服务都应考虑州的实际需要。"威斯康星大学由一所普通的州立大学成为美国最有影响的大学之一，深深影响了世界高等教育。

---

[2] 潘懋元．新编高等教育学[M]．北京：北京师范大学出版社，1996：12-14．

[3] 王菁华．地方高校向应用型转型必须实现三个根本转变[J]．职业技术教育，2016(15)．

[4] 吕祖善．高校与地方发展紧密结合实现良性互动与合作共赢[J]．中国高校科技与产业化．2007 (1)．

个案研究中的钦州学院，以服务钦州市为中心的北部湾经济区，围绕钦州市推进滨海新城的建设，针对沿海产业建设及钦州区域经济转型发展的重大需求，学校发展主动对接生态环境、海洋产业、绿色化工等重点产业，大力推进与行业龙头企业对接，为高校科技成果转化、高新技术企业孵化、创新创业人才培养、创新资源聚集和辐射提供支撑，实现地方本科高校服务区域经济社会的可持续发展，在服务理念上实现从适应性服务向主导性服务转变，注重数量向注重质量转变，钦州学院将服务区域作为学校转型的目标定位，成为区域发展的智囊团和思想库，在服务地方的过程中不断提升了办学水平。广西民族大学相思湖学院将服务中国—东盟自贸区所需要的应用技术人才为目标，学科专业体现“东南亚小语种”特色优势，为中国—东盟区域培养了大量应用技术人才，这两所学校均以服务区域为己任，体现高校的区域性特征。

互进发展理论指出了大学与社会的密切关系，认为二者相辅相成，两者在互动中寻求共同发展，深层次反映出两者的利益需求和发展动机。在产业转型升级背景下，地方本科高校肩负着为区域发展、社会进步和可持续发展提供人才支持和创新知识的历史使命，随区域经济社会的发展，地方本科高校更要以服务区域的理念来推动学院的转型，远离这一目标，转型就成为无源之水、无本之木。在具体的实践中，应围绕区域经济和社会发展来办学，强化为当地经济和社会发展培养“留得住、用得上”的人才，重点为当地经济社会展提供政策咨询、科技服务，并在服务地方的过程中获得地方政府和群众的支持。转型的初始诱因是外部环境的变化，比如国家需求、高校间竞争压力及政策引导，而外部环境的改变只是学校转型的初始诱因，它唤起教育变革主体转型的欲望，真正要实现大学转型，还需要推进大学发展理念、制度创新等诸多内部发展因素的变革，大学发展理念通过教职员工、学生的内化转化为学校转型制度，进而影响具体行动的改变。可以说，没有外部环境的推动，高校不会出现转型，而即使拥有国家和社会的推动和支持，没有高校内部变革主体的实践与探索，高校转型就无法真正实现。

在服务社会方式上，要更加贴近行业企业需求。高校服务地方经济社会发展有“三个境界”：第一是主动适应，高校要主动适应经济社会发展和产业转型升级需要；第二是支撑发展，要对经济社会发展需求起到支撑发展的作用；第三是创新引领，在主动适应、支撑发展的前提下，发挥创新引领的重要作用。地方不仅是地方本科高校的生存基础和主要服务对象，同时也是获得发展经费、政策支持和良好外部环境的重要依靠，更是学校学科专业及办学优势特色的主要生长点。因此，地方本科高校在转型过程中要进一步转变社会服务方式，从“被动适应”走向“主动引领”“创新引领”，走向与地方的深度融合。

二、“应用技术”的价值追寻

1. 以应用技术人才培养作为高校转型之“根”

人力资本理论将教育视为人力资本形成的主要途径，作为社会生产力中最具有主观能动性、最重要的因素，人才培养也已经成为地方经济发展中最重要的环节。地方本科高校不同于研究型大学，其主要任务是培养应用技术型人才，产业结构调整对地方本科高校转型发展的推动力主要体现在对人才培养的专业设置上。一方面，产业结构将加快改造传统产业，加速发展科技含量较高的新兴产业，产业结构的优化升级必然会带来巨大的人力资源服务变革与需求，尤其是大量应用技术型人才的需求缺口。另一方面，我国地方本科高校人才培养的专业设置相对单一，与新兴产业结构的需求不相适应，大学生的结构性失业问题凸显。为实现我国现代化的目标，要求高等教育必须建立适应现代经济发展需要的、合理的人才培养结构，而地方本科高校的转型发展则是实现上述转变的重要途径之一。

地方高校具有为地方培养应用技术人才的地缘优势，应结合地方经济发展特色、产业结构调整来设置高校学科和专业，为地方经济发展培养留得住、用得上的应用技术人才，同时还要利用高校的人才优势和资源优势，构建终身教育体系，通过学历教育和非学历教育，为地方经济发展培养人才。

2．以应用性科学研究作为高校转型之“本”

欧洲应用技术大学高度重视应用性科学研究，升格后的应用技术大学最大的特征之一是注重科研，但是这类学校的科研同传统研究型大学不同之处在于，他们的研究只有少量学术前沿的研究，大部分研究是应用研究，侧重同企业合作开展产品研发或技术更新。地方本科高校的科学研究具有应用性特征，要以社会需求为动力，以市场为导向，为行业建设和社会经济建设服务，跳出封闭性的教育体系。因此，要改变片面追求高层次项目和高层次论文、重基础研究、轻应用研究的现象，转变为科研而科研、为职称而科研的模式，以区域发展中呈现的问题为导向，紧密围绕区域发展的重大需求，区域行业产业发展的核心问题和共性问题，开展科学研究工作，尤其要注重技术研究成果的及时转化，加强协同创新中心、工程技术中心、工程实验室、技术转移中心等科技创新平台建设，与行业企业共建科技平台，开展联合技术攻关，促进科技成果转化，助推区域产业发展，服务地方科技创新体系建设。

对地方本科高校来说，要着力抓好以下几个关键环节：一是瞄准地方经济发展、产业结构调整、重点行业发展等发展规划制定科学的技术发展战略规划，进一步明晰产业技术发展的方向和重点；二是探索建立产业技术研究院、研发中心，把行业、企业组织等机构的产业技术研究院、应用技术研发中心引入学校，学校与行业、企业共同提供研发力量，学校负责提供研究所需的场地，行业、企业、科研院所等根据研究需要提供硬件设施；三是通过实施重大科技攻关专项计划，着力解决企业发展中的核心、关键和共性技术难题，提升企业自主创新能力。

三、“多元特色”的转型质量观

《国家中长期教育改革与发展规划纲要(2010－2020 年) 》第二十二条指出，“促进高校办出特色。建立高校分类体系，实行分类管理。发挥政策指导和资源配置的作用，引导高校合理定位，克服同质化倾向，形成各自的办学理念和办学风格，在不同层次、不同领域办出特色，争创一流。”地方本科高校要想在激烈的竞争中求生存和发展，就必须树立特色发展意识，在办学实践中体现地方特色和院校特色，致力于成为推动地方经济社会发展的掌舵者，立足地方，扎根地方，围绕“地方”做文章，将自身的办学特色与践履职责与地域性紧密结合并确定特色化发展战略路径，比如人才培养特色，学科专业发展特色以及地域文化特色。

地方本科高校是顺应区域经济社会发展的需要而产生的，《国家中长期教育改革与发展规划纲要(2010—2020 年) 》指出，“高校要牢固树立主动为社会服务的意识，全方位开展服务。”随着大学与社会的关系日益紧密，大学的社会服务职能日趋彰显，大学在社会发展中的推动与引领作用日渐突出。早在 20 世纪初美国的威斯康星大学就倡导服务地方，提出“鞋子上沾满了牛粪的教授是最好的教授”，鼓励教授专家走出校门，深入田野，为地方经济社会发展服务。而今，地方本科高校已成为我国高等教育体系的重要组成部分，因此，应积极寻求与区域经济融合发展的契合点，通过人才培养、知识生产和技术进步、先进思想引领来服务区域发展进而实现自身的转型发展。

特色既是一所高校的立足之本，也是在激烈竞争中出奇制胜的关键。高等教育质量是在遵循教育自身规律与科学发展逻辑的基础上，在既定的社会条件下，所培养的学生、创造的知识以及提供的服务，来满足现在和未来社会发展需要，满足学生个性充分发展需要。《中国教育大辞典》指出，教育质量是对教育水平高低和效果优劣的评价，教育质量主要受到教育制度、教学计划、教学方法、教学组织形式和教学过程等因素的影响。[5]这一定义强调了教育质量形成具有过程性特征并随社会的发展而发生改变。1998年巴黎世界高等教育会议通过的《21世纪高等教育展望和行动宣言》指出："高等教育质量是一个多层面的概念"，应"考虑多样性和避免用一个统一的尺度来衡量高等教育质量"。在社会转型时期，地方本科高校的质量观决定高校转型的成败。随着高校规模日益扩大，社会对高等教育关注的重点已经从规模增长转移到质量建设上来，高等教育的培养目标已不再被少数人"专享"，而是面向社会更多的现实需求。地方本科高校应真正面向地方办学，必须突破传统的精英主义教育质量观，建立系统化、多样化、整体性以及在社会变革中不断创新发展的质量观，推动地方本科高校担当起无愧于民族发展的光荣使命。

高等教育大众化的前提是高校类型的多样化，没有多样化的类型就不可能真正实现大众化。[6]高等教育的发展使得高等教育机构在层次上、类型上日趋分化，而学生来源、预期愿望和社会需求的多样化发展决定着高等教育质量标准应该是多元化的，转型高校应根据多元化质量标准来调整学校的发展战略和相关政策。伯顿·克拉克曾经断言，"实施高等教育的最差的办法就是把所有的鸡蛋都往一个篮子里装，这是高等教育最忌讳的单一

---

[5] 顾明远. 中国教育大词典：第一卷[M]. 上海教育出版社，1990.

[6] 潘懋元，吴玫. 高等学校分类与定位问题[J]. 复旦教育论坛，2003(3)：6.

发展模式”。[7]走具有地方特色的差异化路线以及成为世界高等教育发展的共识。特色办学是高校适应经济社会发展的迫切要求，地方本科高校是为地方经济、政治、社会和文化发展服务，只有在竞争中充分发展高等教育的多样化、差异化特征，才能在激烈的竞争中获得发展。在新的经济发展形势下，我国经济社会发展对人才需求和科技文化的需求呈现出多元化特征，此外，地方本科高校应围绕国家创新驱动发展战略，为国家发展培养创新人才和建设高水平创新创业团队。[8]

第二节 战略任务：推动人才培养模式的转型

人才培养模式的转型是地方本科高校转型的核心问题，人才培养模式涉及“培养什么样的人”和“怎么样培养人”这两个基本问题，从过程和方式看，是为实现培养目标而采取的运行方式；从要素组合角度看，是指培养目标、教育制度、培养方案、教学过程诸要素的组合，因此，其内涵就是人才培养的目标与规格、培养方案或课程体系、教学过程、教学方法和手段、管理与评价等环节或要素。随着国际经济形势的变化和实体经济的回归，我国高层次应用技术人才的数量和结构远远不能满足市场需求，多年来，大学生“就业难”问题一直无法有效求解，毕业生遭遇的就业困

[7] 伯顿·克拉克．高等教育系统——学术组织的跨国研究[M]．杭州：杭州大学出版社，1994．

[8] 周大平．高等教育大众化转型——“最难就业季”逼问高等教育模式[J]．瞭望，2013(30)．

境，除了高校毕业生在经济社会发展的特定阶段受社会需求力的制约之外，主要原因还在于众多毕业生自身缺乏社会职场所需的能力素质、技能和经验，而毕业生应用技术能力的缺失和就业能力不足又可归因于高等教育中存在的极度保守的人才培养模式。

人才培养是大学的基本职能和根本任务，也是地方本科高校转型核心内容。人才培养模式包括人才培养目标和规格、专业设置和建设、课程体系和教学内容、教学方法和教学手段、教学评价和质量监控等内容，涵盖了包括培养目标、培养内容、培养方式和培养条件在内的人才培养诸要素。[9]转型高校应准确把握区域经济社会发展、技术创新给人才培养带来的严峻挑战，推动应用技术型人才培养模式变革。

在产业转型升级不断加快的今天，企业的智能化生产变革正颠覆过去的社会生产方式，大量采取智能化生产的企业，招聘的员工数以几十倍的比例急剧减少，如有的车间在完成“机器换人”改造后，作业人员从 650 人减至 30 人；有的原来需要 20 人的车间，目前只需要 1 人。[10]智能化生产体系的变革导致人才结构呈扁平化趋势，地方本科高校要准确把握产业的变革和需求，创新人才培养模式。在人才培养的改革中，国外有很多经验借鉴，比如德国的双元制模式，企业和学校共同培养学生，学生的理论学习在学校，实践培训在企业，以企业的实践培养为主。澳大利亚的 TAFE 模式，政府、产业、学校 3 方合一制定“培训包”，为澳大利亚培养应用技能型人才；美国的社区学院，致力于服务社区企业和繁荣社区经济，注重加强与社区企业的沟通，了解企业人才需求，为经济社会发展提供应用技术型人才。

高校人才培养可分为三种类型：第一种是学科型的人才培养。培养具

---

9 钟秉林. 人才培养模式改革是高等学校内涵建设的核心[J]. 高等教育研究，2013(11) .

10 孔令君. “机器换人”，人往何方？[N]. 解放日报，2015-12-27.

有深厚的基础理论和宽广的专业口径的人才，这类人才的主要任务是研究探索发现新原理和客观规律，并将其转化为科学原理和学科体系，主要由学术研究型高校承担培养任务。第二种是技能技艺型人才培养。培养基础理论以够用为度，实践动手能力则要求很强，这类人才的主要任务是将设计方案与图纸转化为产品，把决策、设计、方案等变为现实，由高职院校承担培养。第三种是介于两者之间的应用型人才培养，这类人才则主要从事将科学原理及学科体系知识转化为设计方案或设计图纸，它主要以各行各业的专门知识为主，培养应用型高级专门人才，将高新科技转化为生产能力，地方本科高校培养应用型人才属此类，所培养人才既有较深厚的基础理论，较宽广的专业口径，又有较强的实践动手能力，它比以就业为目标的高职高专教育专业基础深、知识面宽。在人才培养的方式方法上，要改变过去相对封闭的人才培养体系，转变为主动面向区域经济建设和社会发展的需求，推动校企合作、产教融合，教学与应用性研究和技术研发相结合，注重学生创新创业能力的培养。相应的，课程体系设计也要从学科和学术导向的课程组合，转变为从应用型人才的知识、能力、素质结构出发，通识课程与专业课程、理论教学与实践教学、学科专业基础与职业技能训练相互平衡。[11]

一、“地方需求”导向的学科专业结构

《国家中长期教育改革和发展规划纲要(2010－2020 年) 》中明确提出，“要适应国家和区域经济社会发展需要，建立动态调整机制，不断优化高等教育结构。优化学科专业、类型、层次结构，促进多学科交叉和融合。

[11] 钟秉林，王新凤．我国地方普通本科院校转型发展若干热点问题辨析[J]．教育研究，2016(4) ．

重点扩大应用型、复合型、技能型人才培养规模。”

第一，对于地方本科高校而言，区域经济社会发展的需求是学科专业发展的重要的诱因和动力之源。地方本科高校具有区域地缘特征，加强应用型学科和专业的建设，是地方高校适应社会经济发展的必然选择，高校的学科专业结构应与区域产业结构紧密互动。在设立新学科新专业时，应根据地方产业发展需要和人才需求，以社会的职业分类及岗位类型为依据，设置契合地方产业发展方向、具有地域针对性的应用型专业。

第二，对传统专业进行改造，根据地方产业和行业技术发展趋势，调整专业方向，使各个专业以及专业方向面向行业或企业中相应的岗位链。

第三，逐步淘汰那些设置重复率高、与地方产业发展需求脱节、学生就业状况欠佳的落后专业。

第四，围绕地方产业集群发展需要，整合相关专业资源，打造特色鲜明、优势突出的专业集群。在学科专业的建设上，要从学术取向转变为区域经济社会发展需求的取向，强调应用性与学术性相结合，为应用技术型人才培养提供知识体系支撑，促进应用性学科与应用型专业协同共生。[12]

多年来，广西民族大学相思湖学院根据中国－东盟区域对小语种应用技术人才需求的特点，设置汉语国际教育、印度尼西亚语、泰语、越南语等东盟国家小语种，培养既懂得语言知识又能参与国际合作的应用型本科人才，实现了双赢，学生深受企业欢迎。钦州学院结合区北部湾经济区经济社会发展需求，不断调整和优化学科专业结构，在对原有专业进行整合、改造的同时，凝练出一批具有海洋性、地方性特色的优势学科专业，增设的海洋科学、航海技术、水产养殖等涉海类专业，填补了广西拥有近 1 600 海里海岸线而没有涉海类专业的空白，学校成立了海洋学院、海运学院，重点建设海洋科学实验室，这些举措充分证明了学校在转型过程中高度重

[12] 钟秉林，李志河．试析本科院校学科建设与专业建设[J]．中国高等教育，2015(22)．

视学科专业的整合与优化，因此学校转型也取得了阶段性成果。

二、“产教融合”教育教学模式

2010 年颁布的《国家中长期教育改革发展规划纲要(2010－2020) 》明确提出，创新“产教结合、校企合作”的办学模式，建立与经济社会发展相适应的职业教育办学体制和运行机制。《关于引导部分地方普通本科高校向应用型转变的指导意见》中也明确规定，要建立有行业和用人单位参与的理事会(董事会) 制度、专业指导委员会制度，成员中来自地方政府、行业、用人单位和其他合作方的比例不低于 50%。

地方本科高校向应用技术大学转型，凸显应用技术大学的职业性和开放性特征，所以要面向行业企业和地方经济的发展需求办学，通过校地合作、校企合作牢固树立“学研产”观念，增强服务地方意识，真正做到俯下身子去了解地方经济发展对人才和科研的需求，将科研成果、技术革新推向社会并转化为现实生产力，将高校打造成为地方高新技术孵化基地，为地方经济发展提供强有力支持。

当前，地方本科高校在校企合作、产教融合方面仍较为薄弱，存在合作表面化、机制不健全、广度深度不够等问题，应探索以下几方面的合作。第一是深化校企合作。转型高校要通过订单式培养、技术入股、共建研发中心、开展协同创新等多种方式，在学科专业建设、人才培养、课程教材建设、实习实训基地建设、人才队伍建设、技术研发等方面积极与行业企业开展多样化、深层次的合作，进一步拓展产教融合的广度和深度。第二是深化校地合作。随着大学治理的现代化，政府与大学之间的关系越来越体现为合作伙伴关系。比如，目前美国大多数州政府与高等院校处于合作共事以实现双方目标的关系中。政府可通过购买服务等方式，在人才引进、人力资源培训、产业服务等方面与地方高校开展广泛合作。转型高校要更加注重研究区域经济社会发展规划、趋势及需求，积极参与智库建设，主动承接区域经济社会发展重大问题研究，为地方经济社会发展提供智力支持。第三是深化校校合作。加强高校间开放合作，推进教师互聘、学生互换、课程互选、学分互认。地方本科高校要本着合作共赢的原则，加强校际合作特别是区域内校际合作，建立校校交流合作机制，拓展合作内容，提升合作层次，充分利用其他高校优质资源增强自身优势、弥补自身劣势。

三、“双师双能型”教师队伍

地方本科高校要转型发展，最终需要落实到每一位教师身上。教育部在《关于引导部分地方普通本科高校向应用型转变的指导意见》中明确提出“加强‘双师双能型’教师队伍建设”。[13]这一指导意见强调转型高校要重视教师队伍建设工作，才能保证“转型”目标的达成。

地方本科高校由于在办学实践上存在学术化倾向，在教师的引进、培养、评价、考核上基本是按照学术型要求来进行的，现有教师队伍中鲜有教师资格证和职业资格证兼具、教学能力和实践能力兼备的“双师双能型”教师，这成为制约学校转型的重要因素之一。因此，地方本科高校要实现成功转型的目标，必须在教师的聘任、培养、考核评价、团队建设等方面进行系列改革，加快建设一支专兼结合的“双师双能型”教师队伍。

---

[13] 教育部，发展改革委，财政部．关于引导部分地方普通本科高校向应用型转变的指导意见[J]．中华人民共和国国务院公报，2016(6)．

转型高校要改变“重学轻术”的用人取向，进一步拓宽选人用人渠道，为有效提升“双师双能型”教师队伍的比例和水平，地方本科高校可以从行业、企业、科研院所等聘请有丰富实践经验的高级工程师、高级技术技能型人才等作为学校实训、实验的兼职教学人员，采用现代“学徒”制的方式进行教育教学或指导学校实训课程，鼓励和支持教师参与企业产品和技术研发，及时了解产业和技术发展最新动态，实现教学科研与生产实践紧密对接。同时，需要改革过去的职称评审和晋升标准，站在应用技术人才培养的角度，改变过去以科研项目和发表论文数量为主要衡量指标的方式方法，侧重对项目设计、产学合作和技术服务等方面的评价，促进高校转型教师的学术性与应用性、理论性与实践性的有机结合。

无论大学如何转型，其使命的履行者与任务的完成者都是大学教师。如果教师不转型，新的历史使命与新的工作任务就无法完成。[14]梅贻琦先生说：“所谓大学者，非谓大楼之谓也，有大师之谓也。”从真正意义上来说，先有教师，再有大学。“无大师便无名校，古今中外概莫能外。”[15]师资队伍转型是地方本科高校转型的难点，地方本科高校向应用型高校转型，重要的标志就是从“教学型”“学术型”高校类别向应用技术型高校转型，相应的，师资队伍应从“理论型”或“学术型”向“双师型”“应用型”“技术服务型”师资队伍转型。

地方本科高校向应用技术型高校转型的关键是教师素质和教师队伍的转型，当前，我国“转型”试点高校教师队伍建设主要依据《普通高等学校本科教学工作合格评估指标内涵解析》中的评定标准，把具有“教师资格证书”和“行业职业技能证书”的教师视作“双师型”教师，这一标准

---

[14] 付八军．教师转型与创业型大学建设[M]．北京：中国社会科学出版社，2016：5．

[15] 眭依凡．大学校长的教育理念与治校[M]．北京：人民教育出版社，2013：242．

只强调“双证”资格，无法体现“双师”的实质内涵，导致了“转型”试点高校的应用型教师队伍建设存在视“双证”为“双师”的误区。地方本科高校是培养面向地方、面向行业、面向企业的应用技术人才，教师应该具备专业理论知识的同时还要有丰富的实践经验，了解生产过程和工艺流程，熟悉具体的生产操作，从而有效指导学生掌握技术技能。

四、“立交桥”结构的现代职业教育体系

《现代职业教育体系建设规划(2014－2020 年)》指出，“系统构建从中职、专科、本科到专业学位研究生的培养体系，支持定位于服务行业和地方经济社会发展的本科高等学校实行综合改革，向应用技术类型高校转型发展。”我国要在 2020 年基本实现教育现代化，其标志和基础就是现代教育体系的建立。构建一个职教和普教并重，上下联系，左右交互的立交桥式职业教育体系，不仅能满足各行业企业对各类人才的多样化需求，同时也给学生和家长提供更多的选择。德国的立交桥式职业教育体系就值得借鉴，因其打通了学生、学校以及企业三者之间的联系，学生可在就业和继续深造之间自由选择，职教和普教学生地位均等，机会均等，从而为学生的自由发展提供了广阔空间。

当前，我国的职业教育体系是个不完整、不完全、不完善的职业教育体系，职业教育的“断头路”和高等学校的“学术型”使人才成长的立交桥出现了断点，而解决这两个问题的关键点是地方高校。为此，需要有大量的地方本科高校通过转型发展承担起培养本科层次职业教育人才的重任，承接起各个层次的技术技能型人才培养体系，构建职业教育人才成长的“立交桥”。

第三节　战略保障：推动高校管理模式的转型

一、“法制化”的高校治理模式

政府具有推动高等教育转型的责任，但是当前政府过多采用单纯行政指令来推动大学的转型，这样做不仅无法实现大学的真正转型，而且还会带来理念认识的混乱与组织行为的无序，让大学失去或者淡化转型的自觉和理性。高等教育转型往往采取自上而下的方式进行，政府往往是改革的设计者、领导者和推动者。但是，高等教育改革的成效和后果是需要接受实践检验的，改革不一定都是成功的。当改革不能达到预期目标，甚至出现严重失误时，必须要有相应的责任追究机制对高等教育改革实行责任追究和问责。只有建立了相应的改革责任追究机制，才能使政府在设计改革、领导改革、推动改革时做到科学决策和民主决策，以增强改革的科学性，减少随意性和主观臆断，保证高等教育改革的合法性。地方本科高校转型就是要回归到社会需求的实践场域中，回归到服务人才培养的教学场域中，因此高校管理需要进行相应的转型。

首先，政府应该做好顶层政策设计，要对政策目标、政策内容和政策执行程序等进行充分的调查论证，并对转型工作进行统筹安排，推进治理主体多元化。吸收政府、行业组织、企事业单位等利益相关者共同参与学校治理，借助各方面力量和资源推动学校发展，并主动接受各方面监督，切实保障利益相关者的权益。其次，推进治理方式民主化。治理理念主张在多元治理主体之间进行对话、协商和合作，实行共同治理，以更好地实现公共目标，这也正是治理的精髓所在。转型高校各治理主体要通过民主协商的方式，就学校发展中的大政方针进行沟通、研究，就具体项目开展精诚合作，平衡好各方利益，努力实现互利共赢。

二、“品牌化”的高校转型文化

文化是大学的灵魂。英国人类学家弗思认为，文化就是社会。社会是什么，文化就是什么。自大学从中世纪产生以来的一千年间，大学始终是人类优秀文化的凝聚。[16]在社会转型不断推进的今天，文化无时无刻不在发生着演变和迁移，建设能够引领转型、促进发展的大学转型文化，是决定大学能否成功转型充分必要条件。[17]

“品牌化”的高校转型文化需要积极对接企业文化，实现学校教育与行业企业的无缝对接，这种无缝对接不仅仅包括学科专业结构、课程设置对企业和市场的适应，还包括文化心理的融合。校园文化和企业文化虽然从文化共性上有着相同之处，但是校园文化是一种以教育、引领为特色的文化，企业文化是一种以生产、经营为特色的文化。[18]在校园文化中有效引入企业管理理念、评价方法与措施将具有积极意义，它可以增强学生对于企业文化的适应性，从而帮助学生实现从学生到企业员工之间的平稳过渡，达成真正“无缝对接”，实现学生、企业、学校三者的共赢。

同时，转型文化还要融入地域文化，高校承担着传承文化的重任，高校的特色在于文化的独特性，建在特定地域的高校，其文化也必然会受到

---

16 汪明义．大学的第四功能：引领文化[J]．宜宾学院学报，2009(3)．

17 张爱红．校园文化建设与高校转型发展——以黄淮学院为例 [J]．天中学刊，2015(2)．

18 俞建光．协同创新模式下高校校企文化融合的路径与功能探析[J]．中国矿业大学学报，2013(4)．

所在地域文化的影响和渗透。地域文化是高校文化的一个有机组成部分，地域文化的特色涵养了地方高校文化特质，使高校有了不同于其他高校的个性品格，应当准确分析学校在所处区域的生态环境，推进“品牌化”的转型文化。

三、“应用型”的转型评估体系

转型评估应将学科专业与区域经济结合、科研成果产业化等作为评估转型成果的依据，通过政策引导社会资源发展地方高等教育，促进二者良性互动发展。

需规范严格和科学合理的“应用型”评估体系，人才培养评估系统通过不断评估人才培养质量以及教育教学状况，找出人才培养输出与预期目标的差距，分析造成这种差距的原因，通过采取相应的措施，对应用型人才培养模式不断进行改革和完善，从而使人才培养输出与预期目标更加趋于一致。

通过评估来引导学校转型发展，“以评促建”实现转型发展的预期目标。首先，对转型高校的评估指标体系应与其他类型高校相区别，体现毕业生的综合素质和就业创业能力、高校服务地方经济社会发展的能力等方面，以地方性、应用型、职业性为特色，形成有利于地方本科高校持续健康发展的导向机制；其次，评估指标体系体现地方社会的需求，将地方行业企业的专家列入评估专家库，强化转型过程中的引导和转型后的改革，完善地方本科高校质量保障体系。

在本章的最后，本研究构建了服务于区域的中国地方本科高校转型理论体系，如图 5-1 所示。

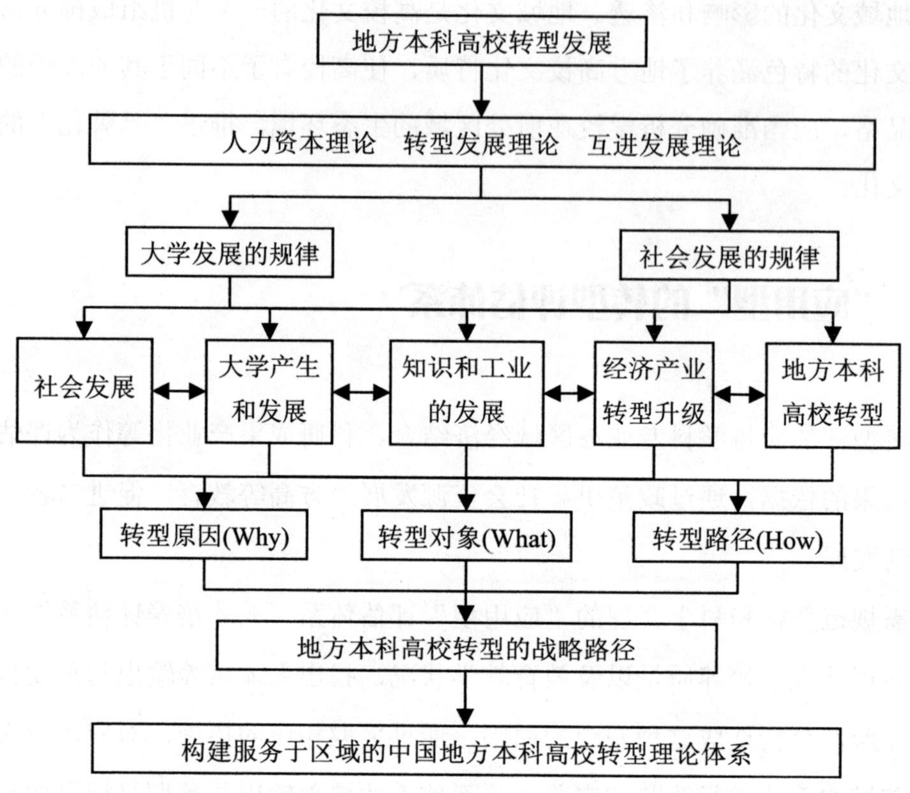

图 5-1　中国地方本科高校转型发展理论体系

服务区域的高校转型发展理论体系强调服务是转型核心要素，地方本科高校只有将“应用技术”嵌入转型发展的行动中，结合区域特色和地方本科高校发展的特色，找到自身发展的优势，才能实现真正的转型。

附　　录

附录1　地方本科高校转型政策研究的访谈记录

被访谈者：广西壮族自治区教育厅规划处办公室负责人(以下简称JYTA)

访谈时间：2017年4月5日上午10：00

访谈地点：广西壮族自治区教育厅会议室

访谈内容：

问：从全国范围看，地方高校转型工作已经在试点之后深入推进，您如何评价这一系统工程？

JYTA：广西地方本科高校转型是全面服务地方经济社会发展需求，希望通过转型，建成一批对接我区和学校所在地的支柱产业、新兴产业、特色专业，形成一批应用性研究成果，推动我区和区域经济社会转型升级。

问：地方政府有哪些政策指导和扶持地方高校转型？

JYTA：第一，完善教育用地法律法规，建立教育用地保障机制，优先优惠供应高校建设土地；第二，创新转型资金投入机制，通过政府与社会资本合作模式(PPP模式)，鼓励社会、企业共同扶持地方高校转型；第三，人才引进政策。按照“国内一流，广西急需”原则，对转型高校实行引进特色优势学科高层次人才和高水平创新团队予以开放“绿色通道”。第四，深入推进管办评分离，落实和扩大地方本科高校的办学自主权。

问：当前广西地方本科高校的转型工作取得了什么样的成效？

JYTA：2015 年我们已经为区内转型试点高校全部制定了转型发展五年工作方案，对转型目标、建设重点、建设进度和组织保障做了明确的说明，出台了一系列相关的配套性文件，要求广西转型试点高校结合地方经济发展来推动高校“转型”，A 大学积极服务北部湾经济区发展，设立航海、水产养殖等涉海类专业，填补了广西拥有 1 600 公里海岸线而无涉海类专业的历史空白；B 大学为适应贺州市碳酸钙千亿元产业示范基地建设的需要，推进碳酸钙技术研发和应用。这些高校积极探索与社会互动互进的发展模式，打造高校与企业、行业深度合作的发展平台，推动人才培养模式的转型和提升服务社会发展的水平。

问：下一步广西高校转型的战略部署是什么？

JYTA：下一步将通过分类推进试点改革，明确地方本科高校的办学定位、调整学科专业结构、完善应用技术型人才培养体系、推动“双师双能型”教师队伍的建设、建立区内高校转型发展联盟等战略，探索高水平应用技术型地方高校转型发展之路。

附录 2　A 大学转型研究的访谈记录(内容型记录)

被访谈者：A 大学校长(以下简称 QZA)

访谈时间：2017 年 3 月 6 日下午 3：00

访谈地点：A 大学校长办公室

访谈内容：

问：A 大学属于地方本科高校转型的重点，转型既有压力又有挑战，同时也是动力和机遇，如何做好 A 大学转型的顶层设计？

QZA：第一，做好学校转型的顶层设计。近 3 年来，我们广泛开展了全校性的转型大讨论，集合全校师生员工的智慧，明确了学校的转型定位和发展思路，突出我校的应用性、技能性和地方性。2006 年我校从师范高等专科学校升格地方性全日制普通本科高校，近十年来，我校一直以服务地方经济社会发展和培养应用技术型高素质专门人才为办学定位。

第二，通过广泛调研、充分论证，我校制定了《A 大学转型发展规划方案》和具体的转型实施意见。

第三，制定《A 大学章程》，出台转型发展的校内配套政策及相应的规章制度。

问：如何推进学校的转型工程？

首先是学校的领导班子达成转型共识，因为转型的关键，并不仅仅是办学类型或者学校名称的改变，而且与学校的办学理念、管理体制和机制、人才培养模式都密切相关，所以我们首先就是推动学校上下的理念转型。其次，从学校转型实际出发，调整和改革二级学院的设置，因为升本至今已经有 11 年的历史，我校二级学院的设置体系存在不少问题，经过科学的整合和优化，使其更好地服务学校的转型发展。最后，优化学科专业结构、推动教师队伍整体转型。对于市场需求量大、与地方企业行业关联度高的专业，如水产养殖学、船舶与海洋工程、港口航道与海岸工程等一批涉海类专业，需要重点扶持、重点发展。

问：你认为贵校转型的出发点是什么？

QZA：首先，源于地方经济社会发展的现实需要。A 大学位于广西北部湾经济区的腹地钦州市，如今已经从农业小镇向工业经济转型发展，石化、能源、冶金、林浆纸、粮油加工等五大工业基地初步建成，但各种应用技术型人才严重短缺，迫切需要培养海洋资源开发和海洋经济发展所需的应用技术型人才。为更好地服务地方经济的发展，我们走上了以地方经济产业需求为导向的转型道路。其次是 A 大学自身发展的现实需求。我校于 2006 年从师范类专科升格为本科，随着区内师范教育的发展和中小学教师数量需求的下降，我们已经无法再走师范教育模式，与老牌本科院校相比，存在本科办学时间短，基础差，底子薄，投入少，学科优势不明显等一系列弱势，为此，我们学校组织全体中层干部深入广西沿海三市(北海、钦州、防城港) 企业以及事业单位进行调研，调研结果显示，北部湾经济区的发展急需的涉海类、化学化工类、港口物流类等应用技术人才，针对人才需求的现状，我校就办学服务面向、专业调整、人才培养目标定位等方面开展了大讨论，最后将原有的 39 个专业进行重组，着力打造“临海工业”“石油化工”“海洋经济”“东盟研究”“北部湾经济”五大品牌专业。由此，从地方人才需求和自身发展的战略走向为切入点，A 大学走上了转型发展的道路。

问：您认为 A 大学与地方发展有何关系？您认为地方高校应该为谁服务？

QZA：我认为，地方本科高校就是要为地方经济和社会发展服务，脱离了地方性，发展就是无源之水。地方高校与地方发展是相互依存、相互促进的关系。一方面，地方社会的快速发展离不开地方高校的支持，在知识经济时代，人才、科技、创新是第一生产力，而地方高校是人才资源的集聚地，是地方经济社会发展重要的推动力；另一方面，地方高校的发展也需要地方的支持，地方高校只有融入地方发展中，才能在获得自身发展的同时，也推动地方经济社会的发展。

我们学校位于北部湾经济区，我们的服务对象自然就是以钦州为中心的北部湾沿海城市，我们的办学使命就是为地方培养应用技术型人才，提供科技创新、文化传承等方面的服务。

问：A 大学转型遇到哪些困难和瓶颈？

QZA：转型是一个艰难探索的历程，我们遇到很多困难和瓶颈，但是我们认为，这些困难就是机遇，我们在解决这些困难的过程中，也推动了学院的转型，只要社会认同我们的人才，只要社会愿意跟我们进行合作，我们一定能更好地服务地方的发展。至于困难和瓶颈，主要是以下几点。

第一，就是观念问题，高校转型受到观念的制约，有地方政府、学校领导、教师、学生以及家长、用人单位等，部分老领导和教师认为，往应用技术型高校转型是低层次的教育，是降级降格的表现，部分学生以及家长认为我们学校搞应用技术转型就是放弃了理论知识的传授。在转型中，我们出于优化专业布局的角度出发，撤销了部分学院，有教师甚至拉横幅表示反对，我校原体育学院部分教师就极力反对撤销体育学院。其实，从情感上我们是认同这些教师的诉求的，但是，我们做出这一决定也是经过调查和分析的，比如社会需求和毕业生的就业情况，现在北部湾经济区中小学对体育教师的需求接近饱和，如果再单纯培养体育教师，那么学生就业成问题，因此，我们从地方经济社会对体育教育的现实需求出发重新组建了体育教学部，原先的边缘性学科成为“香饽饽”，为地方培养了大量体育服务人才。

第二，教师队伍建设存在的困难。我校现有专任教师 680 人，“双师型”教师 267 人，比例为 39.26%。[1]尽管这一比例还会继续上升，但是，要转型为应用技术大学，培养应用技术型人才和通过应用性科学研究服务地方社会，我们还存在很大的距离。

第三，产学研合作不够深入。我们学校虽然有部分专业如艺术设计(坭兴陶设计方向) 、航海技术、轮机工程、化学工程与工艺等专业在产学研合

---

[1] 数据截止到 2017 年 5 月。

作中取得了较好的成效，但合作数量较少。

第四，我们的转型经费缺口较大，学校实施转型发展工程需要推动一系列项目来实现建设，经过深入调研与细致估算，学校实施转型发展各类项目约需 8 亿元，学校资金缺口较大。

问：A 大学转型的定位是什么？

QZA：定位决定一个学校的走向，我校提出了“以地方社会需求为导向，以服务区域经济社会发展为宗旨，把学校建成适应区域经济社会发展特别是广西北部湾经济区发展需要的，具有一定国际影响的、国内知名、区内领先的应用技术大学”的发展目标定位规划。在服务面定位上，立足北部湾，服务广西，在学科专业定位中突出海洋特色，以培养地方经济社会发展为导向的应用技术人才为目标，进行应用性科学研究，为北部湾经济区发展注入科研力量。

我校作为广西区内一所后发型新建本科院校，我们不能复制传统老牌地方本科高校和重点高校的发展模式，因为我校的办学资源跟传统和重点高校相比有重大的差距，同时在服务区域的使命上也有所不同，我校希望办成北部湾经济区特色的地方“名牌大学”，结合北部湾经济的现实需要，打造地方经济急需的学科专业，为经济社会发展培养包括生产、管理、服务等岗位职位所需的应用技术型人才，同时，我们也注重推进应用型科学研究来服务地方支柱产业和新兴产业，改造传统产业。

问：A 大学转型思路与主要任务是什么？

QZA：学校按照“分步骤、有重点、促全面”的原则，以应用型学科专业群建设为龙头，实施转型发展工程，促进学校治理结构、管理制度、学科专业、人才培养模式、实践教学平台、创新团队、应用型课程与教材、科研服务社会、文化传承和创新等方面的转型，创出“海洋特色”品牌。

转型任务就是建设对接产业链的学科专业群、改革人才培养模式、改革学校治理结构、建设“双师双能型”师资队伍、深化国际交流与合作。

第一，通过应用技术型人才的培养服务区域发展。自 2006 年学校升本以来，我校共为社会培养 1 万余名毕业生，据学院就业办数据显示，超过 70%的毕业生留在广西北部湾经济区基层工作，经统计，我校已就业的近几年的本科毕业生就业岗位与专业匹配度均超过 80%，我校的发展也得到《中国教育报》《广西日报》等媒体的一系列报道，社会反响较好，为地方行业产业尤其是海洋、航海、化工、坭兴陶等行业培养了大量紧缺的应用技术人才。

第二，立足地方开展科研服务活动。我校积极开展海洋科学、海洋生态环境保护、港口物流以及广西北部湾历史、民俗、教育、海洋文化等地域特色项目研究，取得了一定的成效，近年来，我校屡获国家级、省厅级科研立项。

第三，传承和创新地方文化。学校积极参加地方文化建设活动，提升了钦州的城市文化的品位，出版了《坭兴陶艺术》《钦州坭兴陶设计》《多彩的广西海洋文化》《钦州新立话研究》《环钦州湾历史文化研究》《刘永福冯子材爱国精神教育研究》等一批钦州文化研究著作，完成了广西海洋局委托项目《中国海洋文化·广西卷》的撰写工作，繁荣地方文化事业，促进地方经济社会发展。

问：学校转型机制体制上有何创新？

QZA：学校创新办学体制，按照相关产业、专业方向来调整学科专业、行业学院等资源，创建了“华为研发中心”“海洋产业”等教学研究机构，构建了以学校为中心，科技集团合作组建的集团化办学模式。学校转型就是聚焦在应用型人才培养上，促进学生更好地就业创业，提高服务地方经济社会发展的质量。

问：学校如何落实创新人才的培养？

QZA：校企一体，创新培养适合社会发展的人才新模式。学校以高素质应用型创新人才培养为目标，构建了“本科学历教育与职业技能培养相结合”的人才培养模式。依托“三个体系”，即“本科学历教育与职业技能培养”的课程体系，实现与企业无缝对接的实践教学体系，教学质量实行校企协同的共管体系；搭建“四个平台”，即科研与学科建设平台、校企战略联盟平台、教师提升培育平台。

附录3　A大学转型研究的访谈记录(内容型记录)

被访谈者：A大学师资管理科(以下简称LQH)

访谈时间：2017年6月16日16：00

访谈地点：A大学教务处办公室

问：当前A大学教师转型存在哪些主要问题？

LQH：我们学校教师来源相对单一，结构不合理，75%以上的教师来源于高校毕业生，只有15%的教师拥有行业企业工作背景，绝大部分教师缺乏实践操作技能，因此，我校教师转型发展任务艰巨。我校现有专任教师680人，现有专任教师680人，其中“双师型”教师267人。[2]师资队伍与结构对学校转型而言非常不利。

问：学校对教师转型的目标是什么？

LQH：我校教师转型的目标是推动“双师型”教师的发展，教师既要掌握深厚的专业知识又要有熟练的业务操作水平，为此我校构建了相应的

[2] 数据截止到2017年6月。

教师转型机制体系。

问：教师转型与大学转型之间的关系是什么？

LQH：地方本科高校转型为应用型高校的关键在于教师的转型。如果一所高校教师不能向“双师型”队伍转型，那么这所大学的转型就是空谈。我个人认为，未来十年或者二十年，将是大学教师转型发展的重要时期，并要形成多元化趋势，比如教师来源的多元化、评价标准多元化、教师发展通道多元化，只有这样方能体现高等教育类型的多样化。

附录 4　A 大学转型研究的访谈记录(内容型记录)

被访谈者：A 大学专任教师(职称：教授，以下简称 QWH)

访谈时间：2017 年 6 月 17 日 17：00

访谈地点：A 大学某学院教授办公室

问：教师转型发展对地方本科高校转型有什么价值和作用？

QWH：对于地方本科高校转型而言，教师是关键所在，可以说，高校转型，核心在于教师转型。

问：高校教师转型应遵循什么样的路径？

QWH：第一，理念转型。推动人才培养观念向应用型人才培养转变；第二，走出教材中心的传统认识，激发教师教学实践能力和创新能力；第三，进入企业行业，解决社会发展的现实问题，这是最重要的一点，因为随着社会经济的发展，企业行业的发展需要很多的技术创新与人力支持，大学应解决企业行业发展中的现实难题，教师要主动融入企业产业，才能提升自身教学实践水平和科研水平。

问：决定高校教师转型改革成败的因素是什么？

QWH：我认为教师应该与学校形成转型命运共同体，所以我们教师能否形成自我转型动力是决定改革成败的重要因素。而教师自我转型动力来源于对学校转型发展这一重大决策的深度认同。由于我国本科高校长期以来的传统观念，学校普遍重理论轻实用、重学术轻实践，导致在转型初期，地方本科高校教师对于转型成为应用技术型高校持怀疑和观望的态度。甚至有不少教职工认为学校的档次会因为这种转型而降低，认为从学术型教师变成“双师型”教师是从学者到技师的降格。也有一部分习惯于传统学术教学模式的教师，对这种强调实际应用生产操作的教学存在强烈的抵触情绪。这些观念、看法都说明教师对学校转型发展的意义认识不到位或者有一定的误区，如果调整不好，必然会影响教师自我转型的动力，进而影响学校整体的转型发展。

转型发展中的地方本科高校教师要形成自我转型动力，首先必须明确学校转型发展的重要现实意义。即学校转型发展是适应社会发展的需要，是培养高素质创新型、应用型人才的需要，是培育自身品牌特色、持续发展的需要。其次，学校向应用技术型高校发展，既不是大学的降格，也不是理念的异化，而是学校主动适应国家和区域经济发展方式转变，适应产业结构转型升级，谋求学校新发展的一次重大机遇。另外，教师还要明确自身发展与学校发展密切相关，教师与学校必须成为命运共同体，为学校改革事业冲锋陷阵，才能在学校谋求生存和发展的同时获得自身的发展。

参 考 文 献

[1] 柯佑祥，等. 民办高校定位、特色与发展研究[M]. 武汉：华中科技大学出版社，2013.

[2] 刘晖. 高等教育发展的中国模式[M]. 北京：中国社会科学出版社，2013.

[3] 范先佐. 教育经济学新编[M]. 北京：人民教育出版社，2010.

[4] 罗杰·盖格. 大学与市场的悖论[M]. 郭建如，马林霞，等，译. 北京：北京大学出版社，2013.

[5] 王辉耀. 国家战略——人才改变世界[M]. 北京：人民出版社，2010.

[6] 刘献君. 大学之思与大学之建[M]. 武汉：华中科技大学出版社，2013.

[7] 陈昌贵. 走进国际化：中外教育交流与合作研究[M]. 南宁：广西教育出版社，2010.

[8] 黄新宪. 台湾教育的历史转型[M]. 上海：上海人民出版社，2010.

[9] 史晋川. 经济结构调整与经济发展方式转变[M]. 北京：经济科学出版社，2012.

[10] 中国统计出版社. 广西统计年鉴 2015[M]. 北京：中国统计出版社，2016.

[11] 王莹. 应用技术大学定位研究[D]. 上海：华东师范大学，2016.

[12] 史健勇. 基于东方管理理论的应用型大学竞争力研究[D]. 上海：

复旦大学，2012.

[13] 柳友荣．我国新建应用型本科院校发展研究 [D]．南京：南京大学，2011.

[14] 陈飞．应用型本科教育课程调整与改革研究[D]．上海：华东师范大学，2014.

[15] 刘宇辉．高等教育视角下的人力资本投资与经济增长研究[D]．西安：西北大学，2010.

[16] 刘智英．技术本科院校发展战略之比较研究 [D]．上海：华东师范大学，2012.